日本人の呪力

万物の霊性と共鳴する

モノと心を〃交信〃させると奇跡が起こる！

秋山眞人
布施泰和［協力］

河出書房新社

「モノに宿る心」と通じあう呪力とは——まえがき

なぜ、めがねや包丁を供養するのか

東京・上野の不忍池《しのばずのいけ》に辯天堂《べんてんどう》があります。よく歩き回れば、そこを囲むようにいくつもの供養塔が立っていることに気づくはずです。フグ供養碑、めがね之《の》碑、琵琶《びわ》の碑、包丁塚、鳥塚、暦塚《こよみ》……さまざまな供養塔があるのです。おそらく外国人観光客が訪れたら、不思議な光景が眼前に広がっていると思うに違いありません。

包丁からめがねまで供養するとはどういうマインドかというと、「モノにも心があるのだから、その使っていたモノが壊れて消費しきったら、ちゃんと感謝して供養しなければいけないのだ」という日本人の伝統や習慣が見えてきます。かなり古くから、日本にはモノには心があるとして扱うという発想があるのです。

それが今でも明確な信仰の対象として、不忍池に立ち並んでいるわけです。上野にいかれることがあれば、ぜひ不忍池のほとりにたたずむ供養塔を見ていただきたいものです。

針供養、めがね供養、刃物供養、人形供養といった供養の習慣は、近代になって、今、若い人たちがパッと見ても、あまり違和感がないというのが日本社会の実情です。

日本の文化の中に、「モノには心が宿る」という感覚が深く染み込んでいるのはなぜでしょう。私たちの心の奥底にある潜在意識なのか、あるいは霊の根本的な有《あ》り様《よう》なのか、いろいろな説明があると思いますが、そうした説明を抜きにして、モノに心があるということを日本人がみな共通して感じているから、違和感を覚えないということかもしれません。

あいかわらずパワーストーンがブームです。暴走したパワーストーンブームにもちょっと問題があるとは思いますが、若い人たちが石を擬人化《ぎじんか》して子供のようにかわいがるという様子を見ると、感慨深いものがあります。

彼らはパワーストーンを大事に触りながら「この子はかわいい」などと、「この子」という言葉を使っています。パワーストーンを「いのち」として意識しているのです。

こうしたモノを擬人化する習慣は、石だけでなく普段着るものでも見受けられます。たとえば日常の服を買うときでも、「この子、かわいい!」といって服を「この子」扱いするケースもよく見かけます。そもそも「かわいい」というのは、人に対して使う言葉であるはずです。ところが、その言葉をパワーストーンでも服でも化粧品でもなんにでも使っているわけです。

しかも、この「かわいい」という言葉は、世界的な漫画・アニメブームを背景にして、今や国際社会に広がりつつあります。このことは、明確に若い人たちの中にも、モノに心を感じる先祖の血のようなものが生きていることを示しているように、私には映るのです。

「かわいい」ブームは私たち日本人のオリジナリティーが古代からよみがえったものと思わずにいられません。

縄文人も知っていた「モノに宿る心」

日本人の先祖はだれかというと、その一部は縄文人ということになると思いますが、縄文人は生活雑器である土器にも、まさしく土器に心が宿っているかのように、蛇の文様や人面、縄が絡み合う図形や燃え立つ炎のような形を刻み込んでいます。

生活雑器の便利さだけを考えれば、そのような模様や図形は不要なはずです。ところが、縄文人はむしろその模様や形を優先させて、意図的に土器を複雑につくっている節があります。やはり土でつくった土器の中にも心が宿るのだということを知っているからこそ、そうした装飾を施すのだとしか考えられません。縄文土器はあたかも生き物のようです。その心は、つくり手と土とのあいだの対話の中で自然に現れるのです。

旧石器時代には、生活にかかわる雑器はすべて石でつくられていました。その際も、6種類くらいの比較的加工がしにくい石で石器をつくっています。ネイティブ・アメリカンも同様で、パワーストーンの人気のある素材、すなわち水晶や瑪瑙《めのう》、黒曜石《こくようせき》、チャートといった加工がしづらい石を素材として石器をつくっています。

特に縄文人は、巨石を季節のカレンダーとして配置したり、農業の重要な場所や墓と思われる場所に建設したりした形跡があります。どうしてかというと、そういう場所に巨石を置くことによって、「石の意志」とでもいうような石魂《せきこん》が、人が亡くなったことによって生じるつらさや悲しさ、孤独さといった感情を鎮める力を持っていることを知っていたからではないでしょうか。

あるいはカレンダーの日付によって、世の中のバイブレーションが変わるという感覚を持っていて、大難《だいなん》を中難に、中難を小難に、そして無難に過ごすためにどの石を意識すれば穏やかに過ごせるのかがわかっていた可能性すらあるように思います。

縄文人だけでなく、世界中にそうした巨石信仰が存在します。たとえばドルメンのようにふたつの巨石を立てて、その上に横に渡して石をのせるという大変な作業をしてつくる巨石は、世界中にあります。そのような大変な作業をするということは、彼らはそこに生活の実利を見いだしたからではないでしょうか。

つまり何か「お陰《かげ》」になるようなこと、生活を安全に回していくような呪術的な働きや、人の運や、気の流れや、命の育みの問題と深くかかわっていたのではないでしょうか。

日本人の定義は、いまだ学術的には定まっていないという現状があります。しかし、日本人に共通するマインドがあるとしたら、世界的に見ても、モノの心を理解する集中力や情熱が高い民族であるということはできるでしょう。日本人の独特の有り様がそこにあるのです。

この国は、モノとの対話やモノの心との交流で歴史を紡《つむ》いできたのです。そのことがもし、宗教を超えた宗教ともいえる「科学」によって一方的に否定されるのならば、それはとても忍びないことです。

日本人は、モノには心があって、モノを霊的な存在であるととらえ、モノとコミュニケーシヨンをとることによって、幸福を招き寄せたり、人の邪気や災いを遠ざけたり、何か運命的なカルマや性《さが》のようなものを癒やしたりしてきた呪力《じゅりょく》を持つ民族なのです。長い長い年月をかけて、モノを霊的に役立て、ノウハウを培《つちか》ってきたのが日本人です。

したがって、この本の中ではモノとの対話がどのようなときに可能なのか、対話をするテクニックはどのようなものか、その知恵と、古《いにしえ》の日本人が実際にどうやって幸せと発展に結びつけてきたのか、具体例を挙げながら明らかにしていくつもりです。そういった類例を挙げることによって、みなさんにもモノとの対話ができて、人生を豊かにすることができるのだということを知っていただきたいと思っています。本書がみなさんの幸せの糧となったなら、こんなにうれしいことはありません。モノに愛される人になれたらいいですね。

秋山眞人

万物の霊性と共鳴する日本人の呪力　目次

2章 モノと心を通わせる「共鳴」の仕組みとは

3章 どんなモノにどのような「心」が宿っているか

4章 「モノの心」とつながる日本古来の知恵

5章 モノとの共鳴で奇跡が起こる

6章 あなたと共鳴する幸運アイテムの見つけ方

7章 形と数字が秘める神秘パワーの活かし方

8章 万物の「相」から吉凶を見極める法

カバー写真◉たけまろ／PIXTA
カバーデザイン◉スタジオ・ファム
地図作成◉原田弘和
本文イラスト◉青木宣人

序章　「モノの心」との不思議な遭遇

「モノの心」を感じた最初のきっかけ

人間だけに心があると考えるのは大きな間違いではないか――このように感じたり考えたりするきっかけは、実は私自身の経験によるところが大きいのです。

おかしな話だと思われるでしょうが、13歳ごろに神秘体験をして以来、私は何度も田舎の山で頻繁《ひんぱん》にフェアリー（妖精）のようなものを見るようになりました。とても奇妙な姿で、昆虫の羽をつけて人間の体をしているのです。よく見ると、古木から出てくるフェアリーには、いかつい鱗《うろこ》がついていたりします。つまりほかの動物のパーツを組み合わせたような姿をしているわけです。なんでそのような変な形をしているのか、本当に疑問でした。まるで〝霊的な〟

キメラです。重力を無視して木の葉のフチや細い枝の周りをものすごいスピードでいったりきたりします。

さまざまな疑問があっても、最初はなかなかフェアリーと交流できませんでした。それでもときどき、キュルキュルキュルキュルという、テープを早回ししたような音を出すフェアリーに遭遇しました。何か伝えたいことがあるのかなと思って、何度もテレパシーのようにフェアリーに語りかけるようにしたのです。

そうしたらある日、田舎の山の中で、金蘭《きんらん》という花から出てきたフェアリーの声が聞こえてきました。それはひと言、「あなたは、私たちの想念を見ているだけよ!」というわけです。

要するに彼らは、人間のように生きたり、昆虫のように自由に空を飛んだりすることの喜びを見つめ続け、あこがれているようです。その結果、願望の形として人間の姿で現れたり、羽をつけて現れたりします。

人間が鳥にあこがれて飛行機をつくったように、魚にあこがれて潜水艇をつくったように、フェアリーたちも人間にあこがれています。動物の「自由さ」にあこがれているのです。そして、目指すモノの形に似せて現れてきます。

植物も鉱物も自ら移動することはできません。植物はいろいろな物質を出して、ほかの植物と空間や地面の下で交信しながら情報を交換し合っていることがわかってきていますが、基本的には動けません。

悪い虫が大量に襲ってくると、虫にとって有毒な物質を出して防御し、ほかの仲間にも警戒して戦うように促したりします。その虫の天敵を呼ぶ物質を出すこともあります。植物同士でコミュニケーションをしているのです。私たちと同じように「あこがれる」という心すら持っています。

それなのに、私たちとは形や生き方が違うというだけで、「植物なんかに心はない」と思い込んでしまうのはなぜでしょう。

もちろん植物は生物ですから、花や樹木の心を思い描くのは比較的簡単かもしれません。では、生物ではないと定義されている鉱物などの物質にも心があることをどのように考えればいいでしょうか。

スプーン曲げで感じた「スプーンの意志」

そう考えるようになったのも、13歳のころにスプーン曲げという現象を経験したからです。今では手品師の技だと思われがちですが、スイスの心理学者カール・グスタフ・ユングも力を使わずにナイフを突然4つに折ったことが知られていて、日本でも明治時代から金属が念力で曲がることは報告されています。

そのとき、明らかにスプーンと自分の心が対話することによって曲がるという現象が起きるという思いを強く持ちました。

当時、いろいろなスプーンを持ってみると、「あっ、このスプーンは対話が楽だ！」とか「このスプーンはちょっと拗《す》ねている」とかいうことがよくわかったものです。スプーンが擬人化された感覚がつねにありました。当時、モノに意識があるなどとはまったく信じていなかったにもかかわらず、です。

しかし、その後の経験を踏まえると、信じざるを得なくなりました。スプーンひとつひとつの訴えかけがまったく違うことがわかるようになったからです。

例を挙げると、「曲がれ」と私がコミュニケーションをとると「曲がりたくない」というスプーンも出てきます。そういう答えが返ってくる場合があるのです。同じメーカーの同じスプーンでも違いが出てきます。

つくった人たちの念が入った人為物《じんいぶつ》ということもありますが、そのもともとの金属自体にも固有の意志が入っているのです。ステンレスだから同じ意志を持っているというわけではありません。素材それぞれにおいて、採掘された場所が違ったり扱われるプロセスが違ったりすれば、当然個体の意志も変わってくるわけです。特に混ぜられたりしたら、「この満員電車にいつまでのっていなければならないのだ」などと感じる個体も出てきます。逆に「なんていい塩梅《あんばい》なの！」と喜ぶ個体もあるのです。

学生時代、伊豆《いず》に親戚がいたので、よくその親戚を訪ねて釣りに連れていってもらいました。そのときも不思議な体験をしたものです。なんとなく釣り竿と自分が一体化してきて、釣り針の先まで自分自身であるかのような感覚が生まれ、その状態で「釣れないかな、釣れないかな」と淡《あわ》く思ったところ、すぐに魚が釣れるということが何度も起こりました。

釣り竿がまず自分に「慣れてくれる」という感覚があって、次に釣り針の先まで自分の心が同調・共鳴する感覚になり、その後、淡く釣れないかなと思うと、その思いが釣り針の先から水中に広がっていくような感覚がして、魚が釣れるのです。不思議なことに、そのとき釣った魚を見ても「これは釣れるべくして釣れたのだ」ということがわかるのです。

つまりその魚にもいろいろな業《ごう》(カルマ)があって、食物連鎖の中でいろいろ経験して、やはり最終的には釣られるという運命にあったのだと理由もなく納得し、「おいしく食べてあげるべきだ」と思える魚がいるのです。一方、釣った魚の中にも「これは放してやらなければいけないな」という魚がいて、その場合はどうしてもリリースしたくなる。

こんな感覚を持つことは、私の心がおかしいからだと当時は思っていました。ところが、大人になってから、中国の奥地のさらに山奥で、道教の指導者に直接インタビューすることがありました。そこで仙人の修行をしている有名な方々に直接話を伺う機会があったのです。そこで、次のような面白い話を聞きました。

彼らは山で生活していると、杖《つえ》が必要になるといいます。それは大きな木のコブから出ている枝を切った、よくありがちな上部がボコボコしている杖を持っているのですが、これらの杖には個性があるといいます。この杖は、「ハリー・ポッター」に出てくる魔法のワンズのように、霊的な呪術をするときに使えるのだそうで、杖に呪符を書いたり、空中に印を切ったりするときに特定の杖を使うのだ、と。杖を使って、いろいろ不思議な現象を起こすことができるというわけです。

そのときも、まだぼんやりとしかわかっていなかったのですが、彼らが「杖もあまり長く使うと、勝手に動き出すことがある」と語ったのを聞いて、「これだ！」と思いました。モノが意志を持つということがはっきりと自信を持って理解できた瞬間でした。

モノの心と人の心は共鳴する

私は小さいころから石が好きで、河原にいって面白い石を探そうとすると、「石が私を呼ぶ」という感覚を持っていました。ですから「この辺に面白い石があるな」と思って探すと、必ずそういう石が見つかったものです。その場所が光って見えることさえありました。大変珍しい石であるにもかかわらず、一個拾うとまた拾うということもよく経験しています。お互いが呼び合っている感覚がそこにありました。つまり共鳴現象ですね。

大人になってから、石屋さんで素敵な模様のラピスラズリを見つけ、値札を見たら、非常に安くなっていたので購入したことがあります。そのすぐ後に、たまたま出かけた骨董市で購入したばかりの石とまるで兄弟のように似ている石を手に入れます。さらにインターネットで同じような模様と色のラピスラズリが出品されていたので購入、めったに手に入らないラピスラズリの兄弟のような石が3つもいっぺんにそろったことがありました。そのようなときは、3つの石が呼び合って、私に購入させたとしか思えなくなります。

骨董の世界ではよく経験するのですが、陶器であれ、絵画であれ、昔の有名な作者による出点数が少ない作品が、まったく違うルートから同じ月に3つも4つも集まってくることがあります。それも、ひとりのコレクターがいっぺんに放出したわけではありません。そういう場合は、ネットを見れば山のように出回っているのですぐにわかります。そうではなくて、まるで打ち合わせしたかのように、かつお互いが呼び合うようにして同時発生的にそういうことが起こるのです。

ここまでくると、少なくとも「モノ」には、人間の心と共鳴できる「心」があると考えざるを得ませんでした。

このような経験を重ねて、植物や動物といった生物とみなされているものだけでなく、鉱物や土、金属といったあらゆる「モノ」に心があるのではないかという思いに至ったわけです。

それではモノにはどのような心があるのかを紹介していきましょう。

1章

日本人はなぜ、人形や石を祀ってきたのか

モノには心が宿る

モノには必ず心があります。そのようなことをいうと、「生きてもいない無機物に心があるはずがない」と反論される方も多いでしょう。しかしながら、そのように否定される人でも、「モノに魂が宿る」「モノに霊が宿っている」と感じる人は意外と多いのではないでしょうか。

なぜそう感じるのか。それはモノが人間に語りかけてくるからです。ただ、コミュニケーションの仕方が違うだけで、石にも木にも、太陽にも地球にも心があるという感覚は、きわめて自然で、当然なことだと私は思います。

よく伝統的にいわれているのは、石霊《いしだま》です。石にも霊がある。それは古来はっきりと多くの文献に書かれています。石が祟《たた》るという話も多いし、逆に人を助けることもあります。人の霊が石に宿るという話もあれば、石に人間の霊が憑依《ひょうい》するという伝説も全国にあります。極端な例では、人を殺す「殺生石《せっしょうせき》」という恐ろしい石があるとの伝承もあります。

殺生石の伝説は、平安時代に源を発しています。

鳥羽《とば》上皇が寵愛《ちょうあい》した「玉藻前《たまものまえ》」という美人がいたのですが、正体は天竺《てんじく》(インド)、唐から飛来した九尾《きゅうび》の狐《きつね》の化身でした。そうとは知らない上皇は、まるで精気を吸い取られるように日に日に衰弱して床に伏せるようになりました。不審に思った陰陽師の安倍泰成《あべのやすなり》がそれを見破り、上総介広常《かずさのすけひろつね》と三浦介義純《みうらのすけよしずみ》が狐を追い詰め退治したところ、狐は巨大な石に化身し毒気を振り撒き、そこを通る人や家畜、鳥や獣の命を奪うようになりました。その後、源翁和尚が一喝すると石は打ち砕かれて、その欠片《かけら》が全国に飛び散ったとされています。

本当に九尾の狐が化けていたのかどうかは別にして、石には妖怪や霊、あるいは神が宿るということは、昔はそれほど奇異な話とは受け止められていなかったのです。亡くなった人が宿った石だという伝説や、神が宿ったご神体石を持つ神社は日本中にあります。

現代においても日本には、人形供養や針供養という作法があるのはどうしてでしょうか。「人形には霊が宿っている」と信じて、これを大切にして、古くなったり壊れたりした人形を捨てる際には、感謝の気持ちを込めながら祓い清めて供養します。

1960年ごろの針供養の風景。豆腐に針を刺している。

有名なものでは明治神宮で続けられている人形供養のお祭りで、２０２２年10月２日に開催された「人形感謝祭」では首都圏各地から約９３００人が来場し、なんと約５万１０００体の人形が納められたといいます。

同様に浅草寺《せんそうじ》や淡島《あわしま》神社など全国の寺社で開催される針供養にも大勢の人々が参加して、折れた針や曲がった針、錆びた針など使えなくなった針を納める風習が昔から続いています。こ

の風習は平安時代にはあったと考えられており、江戸時代には長年硬い生地に刺してきた「針の労をねぎらう」意味で、最後は豆腐やコンニャクなど軟らかいところで休んでもらいたいという気持ちを込めて供養するようになったとのことです。

逆にいうと、それだけの人が今でもなお、モノに心や魂が宿ると感じているということなのです。

心とは何か

その感覚はとても大切な本物の正しさです。人形には人間の心が宿るし、針にも、もともと心があります。心があるからこそ、モノに人間が感動したり、共感を覚えたりして、共鳴し合うのです。

ここで「心」を改めて定義しておきましょう。

心とは、何かを成し遂げようとする意志であり、万物の根源に存在する情報発信体のようなものです。ここではエネルギーという言葉はなるべく使いたくありません。エネルギーというと、音や熱、電気のように物質や空間を伝わる「伝達系」とイメージする人が多いからです。伝達ではなく、時空を超えて共鳴する心が万物を動かしているのです。脳＝心でもないし、思考＝心でもありません。感じ合えるのが心です。

そこで、この本では、「表現力を持って感じ合える存在」が「心」であり「意志」であると定義することにします。場合によっては、「霊性」という言葉を使ってもいいでしょう。そのように定義すれば、疑念や違和感が少し和らぐのではないでしょうか。モノの心や意志、霊性は、その「表現力の手段」において私たち人間の心や意志とは違うというだけのことなのです。

この表現力を守っているのが、おそらく日本で「神様」と呼ばれてきたさらに大きな意志です。神（神）は「示し申す」と書きますが、まさにそれは表現力を意味します。

モノは、私たちよりもはるかに長く、神と付き合っています。ですからモノは、一番優秀な表現力を知っていて、つねに表現しているのですが、私たちの察知力がせつなで弱すぎて、あるいは知覚範囲が狭すぎて、モノが何を表現しているのかわからないというのが実情なのです。意を示す、表現する、それができるのが、心や意志なのです。モノは表現したがっています。そのチャンスをいつも待っているはずです。

別の見方をすれば、意が成る（表現力やイメージが形になる）のが稲荷《いなり》です。具体的な動作なしに、私たちが願望実現を想念の力だけでおこなおうとした場合、モノが教えてくれるのです。モノを引き寄せたいという人は大勢いますが、引き寄せたいと思うなら、モノの心や意志を深くよく知ることです。

古代日本人が感じ取っていたもの

そのことを深く知っていたのは、古代日本の人々です。西洋科学からは、原始的な宗教として分類されているアニミズム（精霊崇拝）は、まさに万物には心があるという考えに根差しています。自然界のあらゆる事物は、具体的な形象を持つと同時に、それぞれ固有の霊魂や精霊などの霊的存在を有するとして、諸現象はその意志や働きによるものだと考えました。

日本では縄文時代からそう信じられていた形跡や証拠があり、その思想が古神道《こしんとう》や神道、そして陰陽道にも受け継がれています。

日本神話にさえ、それは色濃く表れています。『古事記』などの創世記を読むと、宇宙の創成神ともいえる天御中主大神《あめのみなかぬしのおおみかみ》が登場します。宇宙の運行をつかさどる神、宇宙の心ともいえる神様です。

国之常立神《くにのとこたちのかみ》という「地球の神」も出てきます。今風にいうと「ガイア」です。その後、大気や天候をつかさどる雲の神である豊雲野神《とよくものかみ》が現れたかと思うと、島生み神話では淡路島（淡《あわ》道之穂之狭別嶋《ちのほのさわけのしま》）や四国（伊予之二名島《いよのふたなしま》）、本州（大日本豊秋津洲《おおやまととよあきつしま》）、五島列島（天両屋《あめのふたや》）といった島々が神の子として生まれます。

その後も、石や土の神である石土毘古神《いわつちびこのかみ》、屋根の神である大屋毘古神《おおやびこのかみ》、風の神である志那都《しなつ》比古神《ひこのかみ》、海の神である大綿津見神《おおわたつみのかみ》、山の神である大山津見神《おおやまつみのかみ》、野の神である鹿屋野比売神《かやのひめのかみ》などが続々と誕生します。山の神（大山津見神）と野の神（鹿屋野比売神）からは、さらに坂路をつかさどる天之狭土神《あめのさづちのかみ》・国之狭土神《くにのさづちのかみ》、峠の境界をつかさどる天之狭霧神《あめのさぎりのかみ》・国之狭霧神《くにのさぎりのかみ》、日の光が届かない谷間をつかさどる天之闇戸神《あめのくらとのかみ》・国之闇戸神《くにのくらとのかみ》、山の緩やかな傾斜面をつかさどる大《おお》戸惑子神《とまといこのかみ》・大戸《おおと》惑女神《まといめのかみ》などが生まれています。

なぜこれほど細かく領域を異にする神が存在するかというと、実際に山の峠と坂、緩《かん》斜面、谷ではそこに宿る「気」の性質がまったく異なることを古代の人々が敏感に感じ取っていたからにほかなりません。彼らは万物やすべての事象に神気が宿ることを実感していたのです。だからそれぞれに神の名をつけたに違いありません。

先に申し上げたように、神は表現する存在であり、それこそ心の本質なのです。『日本書紀』では「また草木ことごとくに能《よ》く言語《ものいうこと》あり」などと書かれていますし、江戸時代後期の国学者・平田篤胤《ひらたあつたね》も「ひむがしの大樹《おほき》のもとの神《かみ》がたり　四方《よも》の草木《くさき》も言《こと》やめて聴《き》け」と和歌に詠んだように、草木はしばしば擬人化されてきました。昔から草木ですら、人間に語りかけてきてもおかしくない存在として広く認識されていたことがわかります。

モノとの対話が当たり前の豊かな時代が長く続いていたのです。

その最たる職業が神主であったと見ることもできます。

私と共著で本を書いたこともある神主兼日本史講師の竹内睦泰《たけうちむつひろ》（第73世武内宿禰《たけうちのすくね》／１９６６～２０２０）によると、神を降ろすということは、神と意識がつながることだといいます。実際、それが古神道や神道の神主の役目でした。神、すなわち万物の心との共鳴現象を起こすのが神主であるわけです。そして、それは神主だけの特権ではなく、すべての人に備わった能力でもあります。

神の心を宿らせる呪術

日本人は古来、植物や岩、そして山にも非常に愛着を感じて、彼らの心と交信していたのです。そこから古神道の一部である神籬《ひもろぎ》・磐座《いわくら》信仰という自然崇拝が生まれました。神社に祀られているご神体が巨石であったり巨木であったり山であったりするのはそのためです。神道の祝詞《のりと》『大祓詞《おおはらえのことば》』（中臣祓《なかとみのはらえ》）の中に、「磐根樹根立草《いわねきねたち》の片葉《かたは》をも語止《ことや》めて」（岩も木も草もしゃべっていたのをぴたりと止めて）との言葉があるように、植物だけでなく巨石にも大地とつながる根があって、話をしていた自然観が表現されています。巨石にも心があり、石の声があるわけです。

同様に山にも心があり、声があります。山の中に入って山の声に耳を傾けてみてください。昔から山は、神の居る場所として崇《あが》められてきました。それは山の気のパワーに容易に触れることができるからです。縄文時代以来、日本人は山に気を感じ、パワーを充塡《じゅうてん》される充実感を味わってきました。現代の私たちが、ふと山にいきたくなるのは、無意識にそれを感じるからです。山にいくことによって、気の交流が起こり、私たちはそのパワーで元気になり、運も強くなります。私たちに運とエネルギーを与える山は、私たちの心になくてはならない「巨大な霊的電池」のようなものでもあるのです。

そうした大自然の神々の力をよりシンプルな形で感じて、神の心と人間の心を交流させようとした、ある種の充電装置が、注連縄《しめなわ》や紙垂《しで》、そして玉串《たまぐし》と呼ばれる神祭具です。

注連縄は「神聖な領域」や「結界」を示す神祭具で、注連縄自体にも縄を綯《な》うことによって特別な神の力が宿ります。神社や巨石、巨樹、滝などに張られますが、大相撲の横綱が化粧まわしの上につけるのも注連縄です。神の力が宿った力士であることを示しています。

紙垂で祀られた巨石（滋賀県・白髭（しらひげ）神社）

その横綱が土俵入りの際に綱につけて垂らす紙垂も、神域を示す神祭具ですが、形を見ればわかるように、雷光や稲妻をイメージしています。落雷があると稲が育ち豊作になることを経験的に知っていた古代日本人が、その雷のパワーをその場所や特定のモノに引き込む呪術としても使われているのです。

神道の神事において参拝者や神職の神前に捧げる玉串も、そうした呪具のシンボルといえます。神木である榊《さかき》の枝に紙垂や木綿《ゆう》を付けたものですが、依《よ》り代《しろ》であると同時にお祓いにも使われることがあります。

由来は、『古事記』に五百津真賢木《いほつのまさかき》に玉、鏡、白和幣《しらにぎて》、青和幣《あおにぎて》をつけて、岩戸に隠れた天照大御神《あまてらすおおみかみ》を招じたという記述からきているとされています。その記述からも非常に呪術的な祭祀が執りおこなわれたことがわかります。

串は神の心（魂）と人間の心（魂）を串でひとつにすることであるとの解釈もあり、神のパワーをその場所やモノ（あるいは人間）に招き寄せ、宿らせる呪術が日常的におこなわれていたのではないでしょうか。そういうことが現在でもあるということは、日本人があらゆるモノに神を見いだし、モノと対話し、自然と対話できる能力や感受性を伝統的に持っているからに違いないのです。

物質文明と精神文明の衝突

ところが、その日本人のお家芸だった「モノとの対話」や「自然との対話」という能力がおろそかにされるような時代がやってきました。西洋の物質文明の襲来です。

もっとも、その西洋でも17世紀くらいまでは、アニミズムに根を下ろした自然観は息づいていました。イタリアのルネサンス後期に活躍した自然哲学者ジャンバッティスタ・デッラ・ポルタ（1535～1615）は、動物、植物、鉱物など自然界にあるあらゆるものには神秘的な性質とも呼べる魔力があり、それを活用すべきだとして『自然魔術』を著しています。

しかしながら、彼が展開した錬金術や占星術といった魔術的自然観は、心や精神の介在を徹底的に排除した物質的かつ機械的ともいえる自然観に取って代わられていきます。魔術や呪術は迷信として片付けられ、物質的な因果律や数字的合理性のみが信じられるようになっていきました。

その西洋の物質・機械文明の極致ともいえる科学合理主義が明治維新とともに、大波のように日本にも押し寄せてきたのです。見えないモノの力を感じ、万物に魂を見いだそうとするアニミズム的文化は、原始的で非科学的だとして見下される風潮が出てきました。西洋の科学こそが宇宙の謎を解く唯一の道であるとすら考えられるようになったのです。物質文明と精神文明の衝突が起きたともいえます。

日本で起きたその文明の衝突は、しばらくは均衡していたように思われます。物質こそが世界のすべてだと信じながら、物質を際限なく細かく切り刻み、分析・分類していく西洋科学主義と、精神がすべてを動かすと信じ、モノに魂を込めることによって万物とつながろうとする東洋精神主義が相まみえたわけです。

昭和の時代に入って、特に第二次世界大戦で日本が西洋の強国に敗北してからは、一挙に形勢は傾きます。精神主義的な思想は遠ざけられ、西洋的な豊かさを追求する物質至上主義ともいうべき唯物論が幅を利かすようになりました。極端な例では、生き物はすべて複雑な機械に過ぎない（＝人間のあらゆる機能は物理的に分析できる）と信じ込み、霊的な現象や神秘的な現象を排除、基本的にエネルギー伝達系の思想である物理学や化学で説明できない現象は認めないという立場を取っています。

近年では心理学でさえ、統計的にしかものを見られない不確かなものだとして、認められないなどという物理学者までいるくらいです。

気や霊力は下腹に宿る

それを象徴的に表していたのが、日本人の体形であるともいえます。気と健康法についての著作のある田中聡《さとし》氏の『なぜ太鼓腹は嫌われるようになったのか？』によると、今でこそウエートトレーニングなど近代的身体訓練法による筋肉鍛錬を中心に据えた「張り胸体形」（胸の厚い逆三角形の体形）がもてはやされるようになりましたが、古来日本は禅や瞑想といった東洋的身体訓練法で呼吸鍛錬を中心に据えた「太っ腹体形」（下腹が出ているどっぷりとした体形）が健康で平和円満な体形とされていたといいます。

後者は太鼓腹と言い換えることもできますが、実は気功や合気道といった東洋の鍛錬法や柔術は、下腹にある丹田《たんでん》に意識を集中し、そこに「気」と呼ばれる霊的な力を養って体内にめぐらせ、活性化させるという目的があります。当然、気が下腹にたまりますから立派な太鼓腹になるわけです。

それは七福神や達磨《だるま》の体形に表れています。逆三角形の張り胸体系の七福神など聞いたことがありません。みな「太っ腹」の体形です。肝が据わって度量の大きい人のことも「太っ腹」といいますが、文字どおり霊力の強い人も太っ腹になります。太鼓腹にこそ、霊力が宿るのです。霊力もまた、表現する力を持った心であり、発信力そのものであるといっても過言ではないと考えています。

人間は自分の自己像を意識しています。自分の心があると感じています。しかし、科学的にいえば、物質の集積体に心が宿っていると感じているることになります。すると、心に一番合った肉体的な形は何かというと、近代史の中では、たとえばドイツでは国家戦略的にゲルマン民族は逆三角形で筋骨隆々であるとか、中国では鷹揚《おうよう》な体形がいいとか、それぞれの国で戦略的に理想とされる体型が手を加えられて変えられてきました。

本来は人間の心というモノに沿った形があって、その形はやや下腹が出ていて、俗に形と心の接点の表現として、「腹が据わる」とか、「腹に納める」とか、「腹立たしい」とか、「腑《ふ》に落ちる」などとされるような性質を持った形があるはずなのです。

私たちの潜在意識の中には、体は本来こうあるべきだというイメージがあって、それは今の人たちが一時の流行として、あるいは一時のよくわからない健康法の一部としてイメージしている体の形とはかなりずれてきているのです。

そこを取り戻すためには、まず自分の心がモノ（自分の体）とちゃんと接続されているかを研ぎ澄まされた感覚で見極めることが必要なのです。そうすれば、その自己像によって初めてモノの心がわかってきます。少なくとも、そういう共感覚を生むことになるのです。

男性の神だけでなく、女性にとっても下腹が立派であることが、気が充実して、健康で豊かであることのシンボルであったことは、縄文時代などの土偶を見てもわかります。

たとえば、１９８６年に長野県茅野市《ちの》にある縄文時代中期の「棚畑遺跡《たなばたけ》」からは、「縄文のビーナス」と名付けられた女神像が見つかっています。高さ27センチ、重さ２・１４キログラムの雲母片《うんもへん》が練りこまれた土偶で、頭頂部は平らで渦巻き模様が施され、手と胸は意図的に小さく象徴的につくられています。そして、この土偶の一番の特徴は、お腹とおしりが非常に大きく張り出したようになっていることです。まさに太っ腹体形です。青森県津軽半島などで発見された有名な遮光器《しゃこうき》土偶も、下腹や足が異様に豊かにデザインされています。

太鼓腹が霊的な豊かさを表しているのは、日本だけではありません。大昔には、それがごく当たり前のことだったのです。

イタリアのシチリア島の南に位置する地中海のマルタ島では、４５００年以上前の地下墳墓《ふんぼ》から「眠れる貴婦人」と呼ばれる女性像が見つかっています。非常に豊満な体形で、瞑想のため横になっているのか、その姿は「肝っ玉母さん」を彷彿《ほうふつ》させる姿です。

こうした女神像や女性像は、命を育む母親を地母神《ちぼしん》に見立て、豊穣《ほうじょう》の祈りをささげるためにつくられたのではないかとされています。女性の豊満な下腹は霊性を含めた豊かさの象徴なのです。おそらく、古代の人たちは、下腹に人間を豊かにする気や霊力が集まることに気づいていたのではないでしょうか。

2章

モノと心を通わせる「共鳴」の仕組みとは

背景にあるのは共鳴現象

日本をはじめとする東洋や古代においては、このように下腹に気が集まるということに気づいていていたのだと思います。つまり気や霊力という目には見えない働きがあるということを肌身に感じていたわけです。

気は間違いなく、形や色、性質に集まります。つまり体を物質の集合体とみなせば、それぞれに臓器にも、それに見合った心気が宿るのです。同質のものだといっていいでしょう。その現象を引き起こしているのは、実は「同じようなものは共鳴する」という宇宙の法則なのです。簡単にいってしまえば、心と形の相性が非常に大きなウェートを占めています。

スプーン曲げを例に挙げましょう。同じ材質のスプーンでも、Aさんにとっては曲がりやすくてもBさんにとっては曲がりにくいスプーンがあるとすると、要するに共鳴現象を起こすための相性があるのです。

Aさんが発している能力者のバイブスと、Bさんが発しているバイブスは違うのです。問題は、声にしろ、無線電話にしろ、電気信号にしろ、レーザー光線にしろ、これらはエネルギー伝達系の現象であるのに対して、エネルギー伝達系ではない、時空を切り裂いて、時間と空間を超えて、Aさんの中にある性質と、スプーンや石の中の性質と直接共鳴するという現象が起こることです。それがテレパシーといわれたり、サイコメトリーといわれたりする超能力現象の根元的本質です。

こうした超常的・神秘的現象に関しては、唯物論や生命機械論（人間を含む生物の精神作業をほぼ物理的・機械的作業とみなし、すべての精神現象を物質的現象・機械的な現象と考える）が支配的になっていた西洋科学者の中でも、「真面目に取り上げるべきだ」という動きも出てきました。後で紹介するルパード・シェルドレイクやヴォルフガング・パウリ、ブライアン・ジョセフソン、ロジャー・ペンローズといった人たちです。

これに対して、この分野における日本の研究はとても遅れています。かつてはモノの心を伝統的に理解していたはずの日本が遅れているというのは本当に皮肉なものです。世界の超常現象研究の趨勢《すうせい》においては、人間にテレパシー能力が存在するというのは、ほぼ学術的に認められてきているのです。

昔、気功の研究をおこなっていた中国でも、気功師の手から何かエネルギーが出ているのではないかとして、いろいろ測定して調べてみましたが、結局現象に見合ったエネルギー伝達の測定はできませんでした。説明できるエネルギーが見つからなかったのです。

時空を超えて離れたふたつのモノのミクロの粒子のような何かが、急に共鳴し出すとしか説明のしようがないのです。距離だけでなく時間を超えて、情報が伝達されています。正確には伝達ともいいがたく、結局「共鳴」というしかありません。

モノも基本的には、そうしたエネルギー伝達系でないコミュニケーションをしています。

私たちの生活の中でも、「空気を読めよ」という雰囲気とか、以心伝心といった現象をたくさん感じているはずです。むしろ、音や電気信号といったエネルギー伝達系のコミュニケーションより、そうした現象のほうが、情報量が多く、速度も速いことは、感覚的にわかっているのではないでしょうか。

インターネットの情報が大容量何ギガバイトだとか、高速だとかが話題になりますが、表層的な数字に過ぎません。また、ある人にいわせればネット情報の6割ほどが間違っているそうです。そのように間違った情報を根拠にして生きているほうが不思議です。むしろ根拠にしていないから、生きていけるのだといったほうがいいかもしれません。

共鳴すれば「モノの心」がわかる

そもそもモノに心が宿ったり、モノに心を感じたりすることは、もともと同じ要素がないとできません。同じような意志と意志があるから、お互い共感したり共鳴したりするのです。

よく「悪い霊に取りつかれて調子が悪くなった」という人がいますが、悪い霊も人を選びます。同じ悪さを持っていないとその人に取りつかないし、取りつけないものなのです。自分が変わらないと、悪い霊は去っていきません。それができないということは、人間は自分が変わらないと信じ込みたい生き物だからです。人間の肉体の細胞でさえ、半年で死んで変わるといわれています。半年ごとに生まれ変わる細胞に、新しい情報を打ち込んでいるのは、その人自身の意識です。決して悪い霊のせいではありません。つまり心の共鳴によって起こるのです。人間は、つねに変化する生き物なのです。だから心の有り様《あよう》に問題があるなら、それを変えればいいだけの話です。

一方、石も当然、長い目で見れば変化します。ただ、石などの鉱物は人よりも、「滅びる、生まれるという周期」がずっと長いだけなのです。時間の単位が違うだけです。当然自分というものを表現しようとしたときに、まるで表現の仕方が違ってきます。1000年越しにモノを見ている岩石と、刹那《せつな》で見ている我々とはまったく次元が違います。モノの心がなかなかわからないのは当たり前なのです。だから人間は勝手に「モノに心などあるわけない」と思い込んでしまう。コミュニケーションをとるためには、そのモノに合わせる、つまりモノの心と共鳴させる必要があるのではないでしょうか。

動物は心に感応する

モノの心との時空を超えた共鳴を実感するのに一番適している「モノ」は、動物や植物といった生物です。ペットを飼った人ならだれもが感じると思いますが、犬や猫といったペットは、時空を超えて人間の心を読み、共感・共鳴してきます。

イギリスの生物学者ルパード・シェルドレイク博士（1942〜）の『世界を変える七つの実験』（工作舎刊）によると、飼い主がいつ家路についたかを感知する犬や猫といったペットの事例はたくさんあるといいます。飼い猫や飼い犬は、飼い主の帰宅時間が毎日違っても、飼い主が仕事から帰ってくる直前に興奮しはじめるという例は枚挙《まいきょ》にいとまがなく、長期間家を留守にする船乗りの息子が帰ってくるときは、飼い猫が彼の帰宅する1～2時間前からドアマットの上に座って、ミャーミャー鳴くという事例もあるとのことです。極端なケースでは、離れている飼い主に危険が迫っていることを感知し、警告や不安のシグナルを発信するペットもあると書かれています。

こうした数々の事例は、ペットと飼い主のあいだには心の共鳴現象が起きていると考えると、かなりの事例を説明できるのではないかと思われます。

シェルドレイク博士が試みた鳩の帰巣《きそう》実験では、どこに運ばれたかわからなくても、地物《ちぶつ》の目標が見えなくても、体内の太陽コンパスを利用しなくても、地球の磁場を感知しなくても、嗅覚を利用しなくても、鳩がまるで巣と結合しているかのように、巣に戻ることができる可能性が示唆されています。

つまり、鳩と巣のあいだには心同士が触れ合い、呼び合うような共鳴現象が起こるという未知の相互作用が存在するのではないかと説いているわけです。彼はその現象を隠喩《いんゆ》として「鳩と巣のあいだに不可視で伸縮自在のゴムバンドが存在する」と表現しています。生物とモノとの共鳴現象を表したら、確かにそのように表現したくなるのも無理はありません。

シロアリの女王アリが死ぬと、兵隊アリ、働きアリは遠くにいるものも含めて、ほぼ瞬時に作業をやめるという現象があることも知られています。エネルギー伝達系では説明できない現象が存在するのです。

植物も心に感応する

鉢植えの植物を育てるときに植物に話しかけるといいという教えも、このモノとの共鳴からきています。植物の命を大事にするという心が、植物の育ちたいという心と共鳴すると、植物は元気に育つのです。心から大事に接すれば、植物にもそれがわかるし、植物もその心に共鳴して、大きく育とうとするわけです。

有名な科学の実験でも、それがほぼ裏付けられています。それが前述したバクスター効果と呼ばれる現象です。アメリカのポリグラフ専門家クリーヴ・バクスター（1924～2013）が1966年に発見した現象で、植物にうそ発見器（ポリグラフ）を接続すると、周囲の環境や人間の心の変化に対してあたかも思考や心があるかのような反応を示すことが判明したのです。

バクスターがこの現象を観測したのは、ポリグラフ研究所に勤めていたときに、室内にあった観葉植物ドラセナにポリグラフをつなげれば、組織内の水分の動きを分析できるのではないかと思い立ったからです。その実験をおこなっている最中に彼は、ふとドラセナを燃やしてその反応を試してみようと考えました。すると驚いたことに、ただ考えただけでまだ何も実行していないにもかかわらず、ドラセナにつないだポリグラフが突如反応を示したのです。

植物の心を実証したバクスター

彼は、ドラセナを使って実験を続ける一方、サボテンなどほかの動植物に対しても同様な実験をしたところ、「植物は人間など他者の思考を察知して、感情的に反応している」と結論づけ、研究成果を発表しました。

たとえば、サボテンにポリグラフを取り付けて、普段から優しい言葉をかけていたわってくれる人間と、傷をつけたり悪態をついたり意地悪をする人間が実験室の中に入ってきたりする人間がいるときに、植物の反応を測ると、意地悪をする人間が実験室の中に入ってきただけで、サボテンの反応はまるでその人間を毛嫌いしているように激しく乱れるわけです。

バクスターの実験では、植物だけでなく鶏卵、細胞などを使って調べたところ、同様の現象が現れたといいます。

こうした実験結果に対して、「神経組織のない植物に感情の伝達はあり得ない」という反論が出る一方で、同様な追試結果を得て、植物に心があることを確信した研究家も現れました。異端の科学者である橋本健《はしもとけん》氏（1924~2007）もそのひとりで、彼は「4Dメーター」といううそ発見器を応用した機械をつくり、植物とのコミュニケーションに成功したとされています。博士の家族が歌う歌に合わせて楽しそうに節《ふし》をつけるサボテンの影像などを公開しました。

同じような実験としては、栽培している野菜や果物にモーツァルトの曲を聞かせて育てると、大きく育つという音響メーカーと大学の研究結果が出ています。もっとも本当にモーツァルトが好きなので育つのかどうかはわかりません。音楽の振動が植物の気孔を大きくするので、栄養素の摂取量が増加されるなどの説が有力ですが、私から見れば、植物を大事に育てればその心に感応して植物も大きく育つという当然のことであるとともに、植物が人間の心に敏感に反応するからだという理由にほかなりません。

実際、キャベツを千切りにしようとすると、悲しい音を発します。まさにキャベツにとっては阿鼻叫喚《あびきょうかん》地獄です。私たちが日々口にする収穫された野菜ですら、感情のようなものがあるのです。ただし、私の経験からすると、植物はある瞬間から覚悟を決めます。そして、「私を食べてくれるなら、大事に活かしてね」というような、すがすがしい明け渡しのエネルギーに変わります。これに対して、劣悪な環境で育てられた畜産物には苦しみのエネルギーを感じることがあります。のびのびと放牧されていた動物の肉や野生の動物の肉にはそういったものが少ないように思われます。

4章でも触れますが、食事は自然との心のすり合わせなのです。野菜は良くて、肉は悪いという考え方がありますが、それは正しいとも間違っているともいえないと思います。苦しみのエネルギーを感じる肉も、美味《おい》しくいただくという気持ちをこちらが持てば、鎮まることもあります。要は食物を感謝して口にすることが大切なのです。

無機物がもつ「心」とは

動植物との共鳴が可能だとしても、鉱物など無機物の心との共鳴などは想像もできないという人もいるでしょう。

鳩と巣の共鳴的現象を是認して前衛的な科学理論を展開するルパード・シェルドレイク氏でさえ、心がモノを支配するという現象の可能性を認めつつも、生物学者としての彼の仮説では、生物社会の中では「離れ離れになった部分を包み込み、ひとつに合体させようとする『新種の場』が存在しているのではないか」という、ある意味生物に限定した仮説しか立てていません。

しかしながら、シェルドレイク氏がおそらく感じていたように、スプーン曲げのように人間の心がモノに影響を与えているのは、間違いのない事実なのです。スプーンはエネルギーの伝達系のように、物理的な力で曲がるのではなく、人間とスプーンが対話をすることによって曲がるのです。シェルドレイク氏が明らかにした「鳩と巣の関係」のように、それは「生物とモノの共鳴」と言い換えることができるような現象です。

物質はただの無機的な構造体ではありません。生物と同じ有機的な組織体であると考えるべきなのです。

心がモノに影響を与えることを示す有名な例を挙げると、物理学者ヴォルフガング・パウリ（1900〜1958）が超常現象に興味を持つきっかけとなったとも考えられる「パウリ効果」

があります。これはパウリがいると実験装置がなぜか壊れるという不可思議な現象のことで、彼が研究者の道を歩みはじめた当初から、頻繁に発生したといいます。つまり、ほかでもない、のちにノーベル物理学賞を受賞するパウリという心を持つ人間が実験室に入ってくると、実験装置がひとりでに動かなくなってしまうのです。

最初は冗談で同僚が茶化しただけだったとみられましたが、あまりにも何度も同じような現象が起こるので、「パウリ効果」と名付けられるまでになりました。

ただの偶然だと思うかもしれませんが、私自身も同じような経験を何度もしているので、人間の心と連動する形でモノが壊れたりすることがままあることがわかるのです。

私は13歳の夏に自宅でUFOを目撃した直後から、さまざまな不思議な現象を体験するようになりました。金属でもなんでも、なんとなく無意識にモノをいじったりすると、表面がざらついてボロボロとこぼれたり、壊れたりするようになりました。たとえばスプーンなどの金属に触ると、表面が荒れて亀裂《きれつ》が入ったりしたのです。ドアのノブを回そうとしたら、ポロッと取れてしまうこともありました。

金属だけでなく、ガラスも、木も、皮も、ビニールも、ありとあらゆるものが、興奮したときに触るとボロボロになってしまうのです。

しばらくすると、モノがざらついたり壊れたりする現象は、私がちょっと感情的になったときに起きることもわかってきました。どういう意識の状態になると、モノが壊れたり、割れたり、腐食《ふしょく》したりするのかということがわかってきたのです。

歯ブラシが折れたりもしました。歯を磨くと、新しい歯ブラシでも毛先が開いてしまうようにもなりました。歯ブラシはとにかくポンと折れます。しっかり縫製《ほうせい》している靴の縫い目もすぐにほつれてきます。ボタンもよく取れたり、割れたりしました。

そうした現象は、私が興奮したとき――ものすごく喜んだときや頭にきたとき、イライラしたときに起こりました。心が高揚するか、イライラするか、です。つまり、私の心と連動して、モノが影響を受けていることになります。

科学実験に影響を与える「心の状態」

それに似たような現象が、実は量子物理学の微視《びし》領域では起きています。

それを説明する前に、現代の科学が見落としている、あるいは見て見ぬふりをしている「盲点」の問題を取り上げましょう。それが実験者効果とか実験者期待効果といわれる現象です。

簡単にいうと、「実験は期待されたとおりの結果を生みやすい」ということです。積極的か消極的かにかかわらず、期待感は現実に起こる事象に対してなんらかの影響を及ぼすものなのだと前出のシェルドレイク氏はいいます。研究者が関心を注ぐだけで研究対象が影響を受けることは、知る人ぞ知る事実です。実験者の期待感に沿って被験者がふるまう傾向があるのです。

特に人間や動物で実験をおこなう場合、それが顕著《けんちょ》に出ます。

有名なのは、1920年代の米国・シカゴの電機会社ウェスタン・エレクトリック・カンパニーのホーソーン工場で実施された労働生産性の調査です。「調査をされている」と労働者が意識するだけで、生産性が30パーセントも向上したとの調査結果が出たのです。自分たちが注目されていると感じるだけで、労働者の勤労意欲が高まったことになります。

この実験結果は想像できるという人もいるでしょう。

では、治療薬で見られるプラシーボ（偽薬）効果はどうでしょうか。実はこれも一種の実験者期待効果です。医者が「病に効果があるから」といって飲ませた偽薬によって、実際に効果が出てしまうからです。

こういう現象があるということは、心理学や医学以外の生物学、化学、物理学といった分野でも同じ現象が起こりうるということでもあります。

私の知っている原子物理学の研究者は、「実験をやるときは気合をいれろ」「実験が成功すると信じろ」と担当教授からいつも諭《さと》されたといいます。まるで運動部の合宿のようですが、実験者が心を込めないと、あるいは実験者が成功するという信念を持たないと実験が思ったような結果を得られないということを、おそらく長年の経験から、教授が感じ取っていたのではないでしょうか。実際、自然科学の実験に参加している人たちの中に、消極的だったり、自信がなかったり、あるいは実験がうまくいくことを望んでいない人たちがいたりすると、実験が成功する確率は著しく低下する可能性が高くなるのです。

現代の通常科学は、実験者の心の状態や被験者の心の作用を無視しているところが大きな問題なのでしょう。どんな機器を使っても、それをコントロールするのは「心」なのです。「だれがおこなっても100パーセント何度でも再現できなければ認めない」という姿勢はあまりにも偏狭《へんきょう》というべきでしょう。

スプーンを曲げられるときもあれば、曲げられないときがあるのも同じです。一度完璧に曲げても、懐疑的な実験者は何度も何度も「曲げろ」といってきます。完全否定論者の実験者であれば、なおさらです。曲がるはずのスプーンも、実験者の「曲がるな」という期待によって曲がらなくなる場合もあるかもしれません。逆に実験者の期待値が高ければ、スプーンは何度でも曲がるというような現象が起こります。

先に紹介したプラシーボ効果ですら、その効果が最大限に発揮されるのは、医者と患者の両方が効果の高い新薬が使われると信じ込まされている場合であることが知られています。医者がプラシーボであると知っている場合は、その効果は半減してしまうのです。被験者だけでなく、実験者も信じるか信じないか、期待するかしないかによって結果が変わってしまう事実がきわめて重要になってくるわけです。

この視点が、医学や心理学・行動科学の分野以外の「正統科学」に欠落しているところに、現代西洋科学の大きな盲点があるのです。

ある意味、現代の西洋科学が超心理学や超常現象を締め出してきた理由も浮き彫りになってきます。もし、このように実験者の念や心の状態が物理や化学の実験結果に影響を与えるなら、彼らが基盤としている客観性は喪失し、彼らがこれまで築いてきた実験結果は根拠を失って、すべて「錯覚」とされて水泡に帰《き》してしまうからです。

あくまでもひとつのたとえですが、優秀な科学者がこれまでの通説を覆す画期的な実験結果を得たとしても、追試によって再現性が得られないと、魔女狩りに遭うようなことが平気でおこなわれるのが、現代の西洋科学です。魔女として火あぶりにならない代わりに、科学者としての生命は、その時点で絶たれます。それは大きな間違いです。

量子論と時空を超えた共鳴の関係

このように、臨床試験や心理学などを除く通常科学の実験では、実験者の念や心の状態を無視することによって成り立っている場合がほとんどなのです。しかしながら、超常現象の実験に関しては、アメリカにおいて、その盲点を克服しようとする動きも出てきました。

それを後押ししているのが、量子物理学・量子論の進歩です。

量子論では、箱の中の猫は観測するまで生きているると同時に死んでいる状態にあるとする「シュレーディンガーの猫のパラドックス」がありうることを前提にして議論が進みます。つまり観測者が観測しない限り、量子はどっちつかずの状態で存在するというわけです。まるで実験者の意識が量子に影響を与えているといわんばかりの主張です。実際、この主張を拡大解釈していくと、目の前に広がる宇宙すら「観測者」がつくっているということになるのです。

量子論はまた、時空を超えた共鳴現象ともいえるシンクロニシティを説明するときにも使われるようになりました。瞬間的情報交換のような現象が起こるからです。つまり、エネルギー伝達という因果律および伝達時間を無視して、量子がいきなり宇宙の果てにテレポーテーションを起こすような現象が起こりうるとしているのです。

しかしながら、宇宙のある場所での攪乱《かくらん》が、即座に宇宙の遠く離れた場所に影響しうるという「非局所的」な宇宙論は、ある場所で攪乱が起きても、その影響は発生源から局所的（あるいは光の速度くらい）にしか広がらないとする「局所的」な宇宙を想定した理論物理学者のアルベルト・アインシュタイン（１８７９〜１９５５）らの格好の批判の的となりました。量子力学を認めると、特殊相対性理論が立ちゆかなくなるというジレンマに陥るからです。

意識が存在を決定づける——こんな馬鹿げた話はないわけです。そこでアインシュタインは、量子論は間違っていることを証明しようとして、量子論が正しいとすると、「ある場所での攪乱が、即座に宇宙の遠く離れた場所に影響しうる」ことになってしまうことを立証します。もちろん、そのような現象はあり得ないという意図で立証してみせたのです。

当初はアインシュタインらの主張が優勢のように思われました。加えて確率的に結果が決まるとするような量子論は、伝統的な物理学から見るとあり得ないことは明らかで、アインシュタインも「神はサイコロを振らない」と主張して、論争に勝利したように見えました。

ところが、アインシュタインの意図に反して、言葉は悪いですが、彼は墓穴を掘ったのでした。その後の実験により、反証として挙げた仮説ですらありうることがわかるなど、量子力学の理論が成立することが次々と証明されていったのです。

この量子論が正しいとすると、私たちの体の原子と、何万光年も離れた原子とのあいだには、宇宙の「絡み合い」（量子のもつれ）という関係があり、絡み合った粒子は、まるで双子がテレパシー交信をするように、たとえ何万光年離れていようとも、片方で起きた事象はもう片方に影響を与えることになります。まるで心と心が時空を超えて共鳴し合うテレパシーの説明のようでもあります。

この量子論によって超常的現象をすべて説明できるとは思っていませんが、少なくとも私たちがこれまで経験したり実感したりしてきた超常現象に、量子論がようやく少しだけ追いついてきたというようには感じます。

乱数発生装置と9・11テロ

量子の世界で粒子と粒子がお互い共鳴を起こすような現象が起こるわけですから、物の心と人間の心のあいだで共鳴が起きたとしても不思議ではありません。

量子論に示唆《しさ》されているように、人の意識は量子に影響を与えることができるのでしょうか。

人間の心と物質の関係に興味を抱いていた米国のプリンストン大学工学部部長のロバート・ジ

ヤン学部長（1930〜2017）は1979年、同大学に「プリンストン変則工学研究所（PEAR）」を創設、乱数発生装置を製作して、人間の意識が量子的な動きに影響を与えることがあるのかどうかを研究しました。

この乱数発生装置は、電子のノイズや素粒子（量子）の「トンネル効果」（非常に微細な世界にある粒子が、旧来の科学では乗り越えることができないとされる障壁を、量子効果により乗り越えてしまう現象）を利用して、乱数データを発生させる装置です。これを使えば、何か人の心に影響を与えるような特別なイベントがあった際、乱数分布の偶然期待値（偶然によって支配される出来事において本来あるべき値）からどれだけ偏差（逸脱）するかを調べることができるといいます。

たとえば、本来ならサイコロの1の目が出る確率は6分の1ですが、何か大きな事件やイベントが発生した場所なり時間なりで、サイコロの確率が異様な数値を示して顕著な変化があるかどうかを調べてみます。その確率の平均が6分の1ではなく、5分の1、あるいは7分の1などに変化し続けたら、統計上意味のある逸脱とみなされます。もしその逸脱が、何か特別な事件やイベントの発生と同期、あるいは同調していたら、人の心とモノ（装置）のつながりを目で見える形で明らかにすることができるわけです。乱数発生装置とは、この「サイコロを振る行為」をコンピュータでおこなう装置、とイメージしていただければわかりやすいでしょう。

その結果どうなったかというと、パーティーやラスベガスのコメディショーなど人々が大勢集まって陽気に騒いでいるときや、親密さに満ちた一体感を感じているときに、「偏差値」が大きく変動する可能性があることがわかったのです。

このような機械と人間の心の共時的関係に惹かれたプリンストン大学工学部のロジャー・ネルソン教授は１９９７年、「場の意識」がその場に置かれた乱数発生装置に影響を与えるなら、地球規模でも同様な現象が起きるのではないかと考え、「地球意識プロジェクト」という実験をスタートさせました。ネルソン教授らは世界各地に乱数発生装置を設置して乱数の偏差値を記録、その偏りと地球規模の出来事との関係を調べたのです。

その結果、たとえば新しいミレニアム（２０００年）のカウントダウン・イベントなどでは、人々の心に連動して、乱数出力が同調・同期する現象が現れることがわかってきました。その極めつきが、２００１年の９・１１同時多発テロのときでした。その日、あり得ないような極端な変動が観測されたのです。しかも、ジェット機突入の3時間前に、乱数出力の分散値はほぼ垂直に上がりはじめ、約2時間前に1度目のピークを迎えます。そして約1時間前には2度目のピークに向けての急激な上昇が記録され、まさにテロ発生の数分前に3度目のピークが現れたのです。

そして、その日の変動は、２００１年に測定されたどの日の変動よりも大きかったのです。人間の集合無意識は９・１１テロの発生を予知し、しかも機械に影響を与えてさえいたと考えられるわけです。

機械の中には幽霊がいる?!

人間の心や意識が機械に影響を与えるのであれば、機械も同調・共感する能力があるかもしれないわけです。人間が持っている心とは少し性質が違うかもしれませんが、同調・共感し、それを表現する能力があるということは、石や機械などのモノにも心があるとしても、なんの不思議もありません。

そのことは、意識的か無意識的かは別にして、台風、地震、津波、火山の噴火、山火事といった大自然の猛威を身に染みて感じながら、それでも自然との調和を図ろうと、自然を慈しみ、モノを大事にし、人形や針まで供養する多くの日本人が、昔からうすうす感づいていたことなのではないでしょうか。

日本に民話収集に並々ならぬ努力をされた童話作家の松谷みよ子氏の『現代民話考』(立風書房刊)を読むと、「キツネやタヌキ」と呼ばれた物の怪《け》が人に化けて人間を惑わすという話だけでなく、汽車となって人間を驚かしたという全国各地の話がたくさん出てきます。

たとえば、長野県明科町《あかしなまち》では、雨がそぼ降る六月の朧月《おぼろづき》の晩、汽車を運転していた機関士がトンネルに差しかかったところ、前方から同じような機関車がこちらに向かってくるのを目撃します。警笛《けいてき》を鳴らすと、向こうも鳴らし、止まると向こうも止まります。このままではらちが明かないので機関士はそのまま進行することにします。あわや衝突という刹那《せつな》に怪しい列車は影を消したといいます。その後も朧月の晩に二、三度同じようなことが続き、やがて線路に一頭の古狐の轢死体《れきしたい》が見つかった後、幽霊列車は出なくなったそうです。

このほか、車にのせたはずのお客が、振り向くといなかったり、座っていた座席がびっしょり濡れていたというタクシーの話や、沈没した船が時折、幽霊船となって出現する話も全国各地の記録として残されています。明治のころの話としては、人力車や自転車を呼び止める幽霊の話もあります。つまり、人間が使う乗り物が幽霊に取りつかれるケースが民話や伝承として多々あるわけです。これらの民話がこれほど多く語り継がれてきたのも、人間が頻繁に使う身近なモノに霊が宿るという感覚を、私たちが日頃から持っているからではないでしょうか。

これに対して、唯物論が支配的な西洋科学は、迷走を続けていました。生物は機械に過ぎず、物質と精神は相いれないまったく別なものだとする二元論が一時脚光を浴びていました。そのとき、半ば嘲笑《ちょうしょう》を込めて使われた言葉が、「機械の中の幽霊」とか「機関車の中の馬」といった表現です。この言葉の背景には、人間に心が備わっているというのは、機械の中に幽霊がいるというようなものだというあざけりがあったわけです。

しかし、ユダヤ人哲学者のアーサー・ケストラー（1905～83）はあえて「機械の中の幽霊」という言葉を取り上げて、このデカルト的物心二元論を次のような言葉で批判しました。

……真の生命の科学は無限を導入しなくてはならず、それを視界から失うことがあってはならない。いつの時代にも科学史上の大革新者はつねに、現象のうしろに違う次元の実在が透けて見えること、ライン盤とかライデンびんのような簡単な機械であってさえも、機械の中にかならず幽霊がひそんでいることに気づいていたということを、私は二冊の前著作で示そうと試みた。ひとたび科学者がこの神秘感をなくしてしまえば、彼は有能な技術者ではありうるが、学者（savant）ではなくなってしまう……

（アーサー・ケストラー『機械の中の幽霊』ぺりかん社刊）

この点において、ケストラーの洞察はとても鋭いと思います。機械の中には幽霊が宿っているし、機関車の中には馬がいるのです。

ここに至って、今まで迷信や妄想、幻覚などとして片付けられてきた、幽霊、妖怪といった超常現象に絡む存在に対して、新たな光が当てられるようになってきたわけです。

心がモノを支配したり、逆にモノが人間の心を支配したり、過去や未来と共鳴する現在があったりするのが、この無限の神秘性に満ちた私たちの世界なのです。

科学はようやく、万物に神（心）が宿るとする、古来日本人が抱いてきた直感を理解するようになったといえるかもしれません。

次章からは、ありとあらゆるモノに心があるのだということを前提に議論を進めていきましょう。いったいどのような心が存在するのでしょうか。

3章

どんなモノに
どのような「心」が宿っているか

量子論ですべて説明できるわけではない

前章でも取り上げましたが、最近は最先端の科学として量子論が出てきました。量子論は確かに超常的現象を説明できるような理論にも聞こえますが、ここにはやはり罠《わな》があります。量子レベルで起きる不思議な現象というのは、ミクロのミクロともいえる量子の世界では起きますが、我々が経験する超常現象をすべて説明しているわけではありません。それなのに、一部の神秘主義者は、量子論をすべてのマクロの現象に当てはめようとしていますが、これは間違っています。彼らが物理学者に嘲笑《ちょうしょう》されるのは当然なのです。

では量子論に何が欠けているかというと、量子論的なモノの見方では、伝統的な神秘主義の考え方の中で最も大切な考え方、すなわち「モノには心がある」という考え方を説明しきれていないことです。その考え方を「奪った理論」であるとすら私は思っています。量子論では説明しきれないものが必ず出てきます。量子論に騙《だま》されてはいけません。

同様にエセ宗教にも騙されてはいけません。人とのコミュニケーションを考えるのであれば、ずっと手前にある、「モノ」とのコミュニケーションを大事にしなければならないのです。そして自分の肉体とも丁寧なコミュニケーションをとらなければならないのです。これがちゃんとできていない限り、心の安寧は得られません。

どちらにも足りないのが、「モノの心」を理解するということです。

1960年代から70年代にかけて、「自然と同居して生きよう」「モノと宇宙と一体になろう」という、自然回帰やヒッピームーブメントなどの動きがありました。瞑想やヨガも流行りました。霊と交信しようとか、スプーンを曲げてみようという神秘的なことも大流行でした。そういうムーブメントを支えた先輩たちに、私は大切にされて育ってきました。

しかし、意外とその先輩たちが年齢を重ねると、「終活」などといいはじめ、やれ腰が痛いだの、どの薬が効くだの、どういう手術をしただのということばかり話すようになってしまいました。実際に、モノや宇宙と一体化していたら、そのような話にはならないはずなのです。

霊的なモノ（＝精神世界）を理想的に高く掲げた人たちが、逆にその反対にある物質的な肉体を軽視した結果が、今の状態なのかなと思えてしまいます。肉体を低くみなしたつけが回ってきたのです。断食をして肉体をカラカラにしてしまえば純粋な霊性が花開くと信じて、肉体を見下したままインドに旅して帰ってこなかった先輩はたくさんいました。本気で即身成仏《そくしんじょうぶつ》をやる気なら、それはそれでいいのかもしれません。しかし何よりもまず、私たちは自分の肉体としっかりとコミュニケーションをとる必要があるのです。

肉体に関していえば、病因論という考えもあります。それぞれの病気は、自分のこういう心の使い方によって起こるということを明らかにしたものです。それによると、肉体と心の環境は共鳴しているのです。自分の心が生み出している感情の余分なゴミのようなモノが蓄積して肉体に影響が出ると考えるわけです。すなわち、妬《ねた》み、怨み、嫉妬《しっと》、憎悪《ぞうお》、慢心《まんしん》、傲慢《ごうまん》などの負の心が、自分の臓器など肉体を傷つけているということです。

このことは、多くの宗教家や霊格者たちがいい続けていることでもあります。特に天理教の教祖・中山みきらによって広められましたが、非常に古くからあった考え方だとみられています。中山みきの教えをまとめたとされる『御道の宝』によると、各指には別々の神様が宿っています。それをさらに突き詰めていくと、あらゆる細胞にはある種の意志があることがわかってくるのです。

そうです。ひとつひとつの細胞にもそれぞれ心があるのです。

万物にある「ホロン構造」とは

それに近い考えは、幕末から明治にかけて古伝神道を研究し、近代神道の父とされる川面凡児《かわつらぼんじ》（1862〜1929）も唱えていました。彼もまた細胞に意識があるとしたうえで、我々の意識そのものが個別の細胞と、無数のウニのトゲのようにつながっていると説きました。それは、今の言葉でいえば「ホロン構造」になっている、ということです。

我々の意識は単体の球体ではなく、実はウニのような構造でひとつひとつの細胞とつながっていると考えたわけです。あるいは多面体のミラーボールのような構造になっていて、そのひとつひとつの面が細胞であり意志を持ち、我々の心のコピーのように肉体に投影されているとしました。その理論によれば、我々は体の中にたくさん生きているのです。

私は昔、不思議な夢を見たことがあります。それと同じ内容の夢を漫画家の永井豪《ながいごう》氏が短編漫画の中で描いていてびっくりしたことがあります。蛇足《だそく》ですが、ヤングジャンプ編集長だった角南攻《すなみおさむ》にいわせれば、永井豪氏は非常に優秀な霊能者で、未来を予知したことが何度もあるそうです。

さて、その夢というのは、永井豪氏が夢の中で目覚めたところ、自分とそっくりな人ばかりが住む町で、最後にはその人たちが自分を襲ってくるというものでした。私の夢もほぼ同じで、ジャングルと併設された巨大アミューズメント・パークがあって、いろいろなイベントが開催されていました。それをよく観察すると、イベントのそれぞれが自分の肝臓や心臓などの臓器や器官であることがわかってくるのです。たとえば、あの一番奥の祠《ほこら》の中には脳があるなということがわかってきます。そこでふと気づくと、その巨大パークにいる人たちは全部自分だったわけです。クローンというか自分のミニチュアがたくさん、そこで働いている感じです。おそらくそのミニチュアの自分がひとつひとつの細胞だったのかもしれません。

そういうホロン構造があるように思われます。それはウニの本体と無数のトゲの関係のようでもあります。トゲの一本一本がそれぞれ意志を持ち、各自が動き回って、私の本体が存在しているという感じでしょうか。

そうしてみると、モノの中にもそうした構造があることがわかってきます。そのひとつひとつの成分は意志を持っており、それはもう「個々の心」といっていいのではないかと思います。

それらは共感したり共鳴したりし、私たちの心と同じ働きをしているのです。

星々も宇宙空間で会話している

宇宙全体が生き物であり、ひとつの心を持っていると見るのです。そして、銀河系、太陽系、恒星、惑星、衛星といった宇宙の構成要素にもそれぞれの心があるのです。当然、地球にも心があるので、最近では地球をひとつの生命体とみなして「ガイア」と呼ぶようにもなってきました。

地球に心があることを想像できるなら、その成分・構成要素である岩石にも当然心があってしかるべきです。

確かに、私たちの体は、類は友を呼ぶ的に同じような細胞で構成されているわけですが、モノは違います。モノは近しいものの集合体ではありますが、異なる要素をたくさん含んでいるからです。また、モノは一見、私たちのように「わかってくれ」という行動はとりません。動き回ったり舌を出したり泣いたり怒ったり絶叫したりもしません。しかしモノは、とてつもなく長い時間のスパンで自然界全体の他のモノと交信しています。私たちとは少し異なる性質ですが、「心」があるからそれができるのです。

その感覚が一番よくわかるのは、星を見ることです。星々を見ると、星同士が交信し、訴えてくるのを深く感じます。その感覚を擬人化させて非常に詳細に描いたのが、スウェーデンの神秘思想家エマニュエル・スウェデンボルグ（1688〜1772）の『惑星間の諸地球』という本でした。彼はその中で、それぞれの星には意識体がいると書いています。

その本には、宇宙人がいるということを書いたとする側面と、星にもそれぞれ意識があるのだということを書いた側面の両面があります。今でこそ、地球には「ガイア」という地球意識があると考えるようになりましたが、その先駆けがスウェデンボルグだったわけです。

心をゆったりさせると、星々のゆったりとした交信が次第にわかってきます。同様にゆっくり交信しようとすると、モノの心も感知できるようになります。その段階でモノに癒やされたりすることもできるようになるのです。

それぞれの性質を知ったうえでモノの心と同調できるようになれば、人間は癒やされるようになっていくのです。

すばらしい着物で着飾ると、気持ちが良くなったり、気分が引き締まったり、高揚したりするのと同じです。モノと一体化することにより、自分の心も変化します。

宝石類を身に着けるのも同じ効果があります。7章でもくわしく紹介しますが、実はモノの形、色、模様にもそれぞれの「心」があります。

それを古代から実用的に使おうとした一例が、石によるヒーリングでした。しかも、それは一方的に癒やされるものでもないことが古代人にはわかっていました。人間のほうから石を癒やすこともしていたのです。持ちつ持たれつでした。針供養も人形供養も同じような意味があり、それが「心を通わす」という本当の意味です。

石と人が心を通わすということ

こうした「作法」は、人間が傷ついたり調子が悪くなったりしたときに薬を塗ったり飲んだりするのとちょっと似ています。石も傷ついたり調子が悪くなったりすることがあるのです。古代遺跡を回るとよく感じるのですが、古代において人をヒーリングする巫女《みこ》やシャーマンのような人の霊がたくさん出てきます。サイコメトリーで見えてくるのです。その人たちは、人間を扱うのとまったく同じように石を慈《いつく》しんでいました。

人が亡くなったら、その人のお墓にはどこそこの川のこういう石を使うのがいいといって、その石を環状に配置させて墓石とし、その人があの世で安らかになることを祈っている光景が目に浮かびました。また長く勤めあげた石に関しては、薬草を塗ったり、お水をかけたり、周りに花を置いたりして、石自体を愛《め》でたり癒したりしていました。

その石を愛でる風習は、インド仏教にもお釈迦様の教えにもありませんでした。ところがその風習は、墓石をつくるという日本の風習に受け継がれているように思います。墓石の前でお花を手向けたりお香を炷《た》いたりするというのは、死者の弔《とむら》いというよりも、死者を1分1秒も休まずに弔い続けている不変の石に対して感謝して愛でるという感覚があるはずなのです。お香でお祓いをして、花で石を癒やしているわけです。

インドネシア・バリ島の古いお寺で、古老の僧侶たちが夜、星空の下で、花びらで人や土地を浄めたり癒やしたりするのを見たことがあります。日本人は塩を使って同じことをしますが、バリの人たちは花びらを使います。花と一緒にすると、石は癒やされます。花の香りやお香は石を癒やすのです。

私が伝えたいのは、やはり石には心があるということに尽きます。私はもう60歳をとっくに過ぎていますが、この年になってはっきりとそれがわかるようになりました。そして、モノの心ときちんと対話をした人のみが、自分が望んだものを引き寄せ、最も引き寄せにくいとされるお金をも引き寄せ、そしてそのお金を本当に必要とする人に分配することができるのです。それが、私がこれまで経験してきた「モノと人間との付き合い方」の結論であります。

そういったことが局所的に切り取られて、呪術とか降霊術とかヒーリングとかオーラを感じるとか、そういう言葉に置き換えられてきたと私は考えています。しかしこれらの言葉では、「モノと心との対話」の本質をとらえているとはいえません。だからいくら言葉を駆使しても、いつまで研究しても、こうした超常的能力の結論が出ないのです。

モノの一番根本にある性質あるいは意識と、人間の心そのもの、それも心の中核のど真ん中、潜在意識の一番奥の奥にある時空を超越した意識は、すべて直結しているのです。時間と空間を超えた大切なきずながあるのです。

そのことに気づけば、変な神秘主義にも変な唯物論にも騙されることはありません。この重要な事実を、科学も神秘主義も宗教も長らく誤解し続けてきました。誤った否定的説明を付け焼き刃的に繰り返してきたように思います。

万物にどのような心が宿っているのか、見ていくことにしましょう。

有機物である動物や植物に心があるかどうかという問題は後で説明するとして、一番理解するのが難しいとみられる無機物の心について具体的に説明していきます。最初に取り上げるのは鉱物です。

石の「心」には3つの系譜がある——鉱物の心

石の「心」はやはり安定しているのです。石は「僕は安定している。僕は安定している」とずっといい続けています。これが一般的な石の「心」です。落ち着いて胆《きも》が据わって、人間でいえば豊かな親がいるようなものです。その親を見ているだけで、子供も自然に落ち着いて胆が据わっていく。

ドンと構えて安定して100万年生きている石があれば、私たちも100万年の落ち着きと優しさを感じることができます。これが石によるヒーリングやパワーストーンと呼ばれる現象の根底にある意味です。石を持てば恋愛にいいとか、お金持ちになるといった考えは、表層的な現象にすぎません。

その石には系譜があります。石は系譜としてとらえなければなりません。

石とのコミュニケーションは本当に面白いです。石の性質は、3つに分けることができます。深成岩《しんせいがん》、火成岩《かせいがん》、堆積岩《たいせきがん》です。

(1)深成岩

地面の深いところでゆっくりゆっくりと、何万年、何億年かけて固まったのが結晶の大きな石です。色鮮やかな珍しい石でもあります。こういう石はマグマと接して変成したり圧力が加わったりして、いろいろな変化を遂げています。細かい結晶が押し縮められて、そこへまた別の溶岩や岩が流れ込んできます。たとえば翡翠《ひすい》はみんな緑色だと思っているかもしれませんが、あの緑色は別の石の成分がしみ込んでいるだけで、本来翡翠は白色で大きな結晶が真綿を締めるように縮められて、きわめて硬く、かつしなやかにできた石のことなのです。そこにたくさんの石の成分がしみ込んで色が出ます。

翡翠は日本の国石ですが、他の石を取り入れてしまうほどコミュニケーションができる優しい石なのです。だから縄文時代から糸魚川《いといがわ》の翡翠は非常に重宝されて、全国隅々まで広まったともいえます。

このように地殻の非常に深いところで、ゆっくりゆっくり地球の懐《ふところ》で育てられたような石は深成岩と呼ばれています。地面の深いところにありますから、なかなかお目にかかれませんが、地表の割れ目や地底洞窟、深く掘った穴から出てきます。それらは宝飾品として身に着ける習慣が昔からありました。深成岩は安定性が一番強いからです。「苛《いじ》め抜かれていても安定していて我慢強い」という性質を持っているともいえます。深成岩の意志はきわめて安定しています。長時間かけて結晶したモノの意志はとてつもなく強いといえます。その意志の一部を我々はストーンパワー、ご利益パワーとして利用しているというわけです。

いろいろな土地から採れた同じ水晶でも、それぞれの性質は異なります。試しにいろいろな水晶を実際に手に取って握ってみるといいでしょう。チベットからやってきた水晶は、深いところでゆっくりと結晶していますから、何かフワッとした感じがします。これに対してカリフォルニアや南米の水晶は、ピキーンと冷たい感じがするはずです。新進気鋭というか、未来を向いている後者のような水晶と、ゆっくり過去を癒やし続けている前者のような水晶があるのです。採れた場所、生育した場所によってまったく違うのです。

一方、日本で採れた水晶は、非常にしっとりとして優しく感じます。握ってみるのが一番いいでしょう。微妙に違った感覚を受けるはずですから、ぜひやってみてください。

水晶はまた、磨くと意志の訴えがはっきりと聞こえてきます。水晶を水晶玉にするという習慣は、水晶の意志を感じ取りやすくするという効果があるわけです。水晶玉を毎日見ていると、そこにビジョンが映ったりするようになります。水晶玉は、水晶の中でも最も雄弁にモノを語る形といえます。その中でも当然、未来に接続されている水晶と過去を癒やし続けている水晶が存在します。未来が知りたければ前者を、自分のつらい過去や人類が犯してきた罪を癒やしたければ後者に語りかければいいわけです。

米国にある世界最大の水晶玉
（提供：Sanjay Acharya）

「クリスタル」は本来結晶体のことをいいますが、主にアメリカで活動した宗教家で易《えき》を研究したジョセフ・マーフィー博士（1898〜1981）によると、クリスタルは「キリストの石」という意味だといいます。

キリストは徹底した祈りの達人であったと私は考えていますが、祈りによって過去を癒やし、我々の未来の希望を現実化させようとしたとすれば、まさにクリスタルは「キリストの石」でしょう。

棒状の水晶も見受けられ、切っ先を磨き直したものも多く出回っています。自然の形がいいという人もいますが、磨かれて加工された水晶のほうが、効果がマイルドになり水晶の声が聞き取りやすいという人もいます。

(2)火成岩

溶岩がドロドロ地表に流れ出して、それが急速に固まってできた石です。これは比較的若い石といえます。元気のいい石ですから、元気になりたいときは火成岩と友達になるといいでしょう。黒曜石《こくようせき》とか、北海道で採れる十勝石《とかちいし》がこの仲間です。

黒曜石にはいろいろな種類があります。石器にも一番多く使われていますが、いずれも元気が出てきたり、力が湧いてきたり、活力がみなぎったりしてきます。

一部、深成岩の仲間でもありますが、鉄鉱石も火成岩とみなせます。黄鉄鉱、黄銅鉱などです。これも活力を強めるので、元気になります。

ちょっと鬱《うつ》っぽい人には、鉄鉱石は重く感じる場合があるかもしれませんが、逆に鉄鉱石に慣れるようにしていくと、落ち込みやすい人のネガティブな部分が解消されていくこともあります。

ハワイにいくと元気になる人がいるのも、火山があり火成岩が多いからです。もともと山には、山ごとに意志があります。我々日本人はそれを山神と称して、長いあいだコミュニケーションしてきたわけです。コミュニケーションをする場所に祠《ほこら》を置いたり、あるいは霊査したりして山神の性質を見極めて、その神名を決めてきたわけです。

（3）堆積岩

崩れた岩や砂、泥、火山の噴出物の欠片《かけら》などが川に流れ込んだり、積もり積もって再び石になって出来上がる石です。恐竜から木の葉、プランクトンに至るまで、生き物の欠片である化石が入り込んだりします。

それらのうち化石の石灰分だけで構成されたのが石灰岩です。そこに水がしみ込むと鍾乳石《しょうにゅうせき》になります。

石灰岩は非常に優しいエネルギーを持っています。石の中では一番若いといえます。主にプランクトンの化石からできたチャート（角岩《かくがん》）もあります。火打ち石にするほど硬いですが、色とりどりの美しい色彩が特徴です。

堆積岩は、学習力、持続力を高めます。歴史と接続させる心を持っているともいえます。

石の〝表現力〟に敏感な日本人

このように岩や石が形成された場所によって、それぞれ異なる性質の心を持っているわけです。当然、ここでいう心とは表現する力のことであり、石の霊性とも呼べるものです。

日本人は古来、そうした石の表現力や霊性に敏感で、日本特有の呼び名を石に付けてきました。それは現代にも続いており、孔雀石《くじゃくいし》（マラカイト）や雲母《うんも》といった呼び方に石への親しみを感じます。石に宿る霊性の意味を見いだそうとするのが日本人なのです。

たとえば、墓石に使う花崗岩《かこうがん》のことを御影石《みかげいし》といいます。影というのは人影ということで、人間の見えない霊的要素のことを影といったわけです。「お陰様」の陰も同様です。どちらも見えない霊的な要素です。御影石はまさしく花崗岩に「見えない心」が宿りやすいということを示唆しているのです。

日本人が耳を澄ますと聞こえてくるのが石の声です。夜泣き石といって夜、石が泣くという伝承は全国にあります。

「子産み石」（子生まれ石）も、静岡県の掛川に有名な石があり、崖から繭《まゆ》型の石が出てきて、ポロッと落ちると、その石の土地を持っている住職が亡くなるといった伝説もあるくらいです。

そのため代々、近辺の住職の墓は繭型の岩でできているとのことです。遠州《えんしゅう》七不思議のひとつです。

石の収集家のあいだには「姿石」もよく話題になります。偶然に人間や七福神など奇妙な姿になった石のことです。

姿石には菊花石《きくかせき》があります。菊の花のような模様の結晶が結晶体の中に入っている石です。特に有名なのは岐阜県の根尾谷《ねおだに》ですが、青森県では「錦石」といっていろいろな色が混ざった菊花石が出ます。これは天然記念物として国石としても珍重されています。ほかにも魚の形が現れている石もあります。

埼玉県長瀞《ながとろ》の石屋では、きれいに日本列島の形が出ている石を見せてもらったこともあります。そういう石はやはり奇跡的にできた奇石です。石の形が日本列島など私たちの知っている概念と共鳴したともいえます。日本列島の形が出た石は、川の場所までほとんど一致していました。

私の知人から聞いた話です。彼はあるとき、恵比須様の形をした石を川で拾って喜んでいたのですが、その日の夕方、再び川にいきたくなっていったら、今度は同じ大きさの大黒様の形をした石を拾ったといいます。彼は飲食店を経営していたのですが、ふたつの石を拾った後、メニューも何も変えていないのにもかかわらず、お客が大勢詰めかけるようになって大儲けしました。

今、たまたま手元に姿石の恵比寿石があります。自然の川流れの石ですが、よく見ると烏帽子《えぼし》も腕もあるし、鯛のようなものを抱きかかえています。このような石を、茶道具として床の間に飾る風習があります。

こういった石を愛《め》でる伝統を水石《すいせき》趣味といいますが、いまだに明治神宮では毎年品評会をやっています。中には梅の花が咲いたような形の梅花石《ばいかせき》とかもあります。

石同士は交信する

そうした石たちは、人間に話しかけてくるだけではなく、石同士でも頻繁にコミュニケーションをとっています。だから巨石を並べたり積み上げたり組み合わせたりするというのは、「巨石会議」といえるかもしれません。ストーンサークルは「円卓の騎士」でしょうか。そこで石の心なりの会議をしているのです。

世界中の石と交信して、その石のボスたちがストーンヘンジに立っているわけです。人間がその場所にいくと、ご宣託を受信できる理由がここにあります。過去の石は未来を告げます。未来を告げる石でなければ、ストーンヘンジを建造することもなかったと思います。未来を告げるから建造したのです。「予言石」といってもいいでしょう。

石や岩などの鉱物にはそうした性質があります。ですから、お気に入りの石のある人は、ときどきアロマオイルを使って石を磨いてあげるとよいでしょう。石を変質させないことが大切です。この石はどの香りがいいか、見分けなければいけません。意外とどの石もラベンダーは嫌いません。肉のスパイスとしても使われる、オレガノも結構いいです。ハッカもまあいいです。日本のハーブの中では万能です。オレガノもハッカもミントの仲間です。

フラワーヒーリングからハーブの思想、錬金術、心霊主義などを含め、モノとのコミュニケーション術は統合的なものなのです。これがわからないと霊感がちょっとあっても理解できません。単に呪術的なものだとして退けてしまいます。

石は人間に働きかける

なぜ、私たちの文明がかなり早い段階から石を身に着けるようになったのでしょうか。石を身に着けるのは、現代文明でも習慣化しています。石を身に着けたり持ち運んだりするのは、本来は不便なことです。にもかかわらず、生活習慣上身に着けるようになったのは、ファッションというよりも、呪術的な意味合いが強かったからです。日本では縄文時代から身に着けていました。

私も今、その呪術的な感覚を強く持っているし、強く感じます。石の声を聴くことすらあります。その中でもその優れた呪術性ゆえに使い続けられてきた石は、宝石とか宝飾品として使われる貴石たちです。

石がどのようなパワーを持つかを解説した本は数多く出版されていますが、ここでも代表的

鉱石とその呪力（特定の力を強化するパワーストーン）

鉱石名	呪力
【ア行】	
アクアマリン	やる気を出させる。他人に良い印象を与える。やっていることが良くなっていく
アジュライト	伝統的な力や持続力を強める。先祖や精霊のインスピレーションとつながる
アメジスト	思っていることを強く作用させる。感情の増幅作用がある。ただし、自由を求める気持ちが強くなりすぎるので要注意
エメラルド	やる気を出させる。積極的な性格にする。邪（よこしま）なものを止め、はね返す
エンジェライト	指導力を発揮させる。家の中に置くと、家の「氣」をキレイにする
オパール	人生を波瀾万丈《はらんばんじょう》にし、冒険にいざなう
【カ行】	
ガーネット	おこなっている活動が少しずつ好転する。毎日のやる気の守護石
黒曜石《こくようせき》	集中力や霊感を強める。学習力の強化
琥珀《こはく》	物事の変化を止める。念力を強める
【サ行】	
サファイア	強さや耐える力が増す。他人の言葉を素直に聞けるようになる。青よりピンク、黄色のものがよい
水晶	祈りを増幅させる
【タ行】	
ダイヤモンド	「今が最高」という状態にする。感情を安定化させる。ただし、時と場合をわきまえずに身に着けると運を悪くする
トルコ石	気持ちを変わりやすくさせる。こだわりを捨てさせる
【ハ行】	
翡翠《ひすい》	運の運びを良くする。人との和合心が出てくる。人間関係を引き寄せる。タイミングが良くなる。他者に強くなる
【マ行】	
瑪瑙《めのう》	人との和が広がり、友達を多くする
【ラ行】	
ラピスラズリ	伝統的な力や持続力を強める。早く運気を向上させる
ルチルクォーツ	金運や発信力を高める。お金の見通しが立ちやすくなる
ルビー	愛情面で良い感情が出てくる。「愛され運」が上がる
ローズクォーツ	受容力が強まる

なものだけ一覧表にして紹介しておきましょう。

硬くて割れにくい石は、人間に強く寄り添って力を強めてくれる面があります。しかし、最も硬いダイヤモンドになると、人間の状態を「固定する」とか「動かなくする」という面が強くなってきます。後者の状態を、密教では「金剛《こんごう》」という言い方をして表します。それが金剛石です。

小さなものならそれほど影響はありませんが、ダイヤモンドは大きすぎるものを身に着けると、人間側がダイヤに巻き込まれて運命が固定されてしまう、あるいは止まってしまうような状態が生じてしまうという側面があります。

そうはいいながらも、歴代の王様の戴冠《たいかん》式や結婚式、それに王室の公式なパーティーなどでは、ダイヤモンドが何度も使われています。これは楽しいときを楽しい思い出のまま固定しようという気持ちが働くから、ダイヤが好んで使われるのです。その日一日だけは着けましょうということで、ダイヤモンドを使うのは理にかなっているのです。「今が最高」というときにダイヤは身に着けるものなのです。

ダイヤモンド、コランダム（鋼玉）、エメラルドなどは硬い石の仲間ですが、昔はそれほど優れた加工技術はありませんでした。それでも少しでも加工して身に着けやすくしようとする必然性から加工技術が進歩していったわけです。そうした進歩は、石の性質と対話ができる人たちがいたということを暗示しています。

もちろん無意識に対話する人もいますから、必ずしも意識的に石の声を聴いて加工技術を進歩させたということではありません。大事なのは、石の声が聞こえる人は意外とたくさんいたのではないか、ということです。

霊感を強める石、愛情運を高める石

ダイヤモンドは固定する性質を非常に強く持ちますが、ダイヤに次いで硬い石とされるコランダムは、赤ければルビー、青ければサファイアと呼ばれます。これらは、貴石、宝石の中で、色によって霊的な性質が異なることを如実に示しています。

サファイアはさかんに霊的なものと交信しようとします。良質のサファイアほどその力が強くなります。そのため、身に着けていると霊感が高まります。その一方で、霊的なものの影響を受けやすくなります。ですからサファイアは霊的な作業をするときに身に着けるものであって、一般的なときに使う石ではありません。

これに対してルビーは、非常に愛情運を高めます。人から愛される運をきわめて強くするのです。ルビー自体が愛情を受けるようなバイブレーションを強く発しています。

その中間には、イエローサファイアがあります。ピンクと黄色の混ざったパパラチアという石は、やはりルビーとサファイアの中間なのですが、愛される運を強くする力のほうが強いと思います。

エメラルドは万能で、能力開発を促進する一方で、悪い人の邪念から身を守る力も有しています。非常に気高くて、人を浄化する石としては最高峰に位置づけられる宝石です。

日本の国石でもある翡翠は、人と人を会わせるタイミングをうまく引き寄せてくれます。出会いのタイミングを良くする力を持っています。

宝石が持つ「形」の秘密

コランダムにせよ、水晶にせよ、非常に面白い形で結晶します。それぞれの化学式があって、「結晶はこうなる」という解説は鉱物図鑑にも書かれていますが、なぜその形なのか、なぜそのような結晶なのかは、科学的にもよくわかっていないのが実情です。

祈りを実現する六角錐の形状の水晶

たとえば、六角柱で、切っ先が六角錐《すい》の水晶は、代表的な水晶の形を持っています。しかし、水晶の中には板状に薄い形をした結晶もあります。ハート状に結晶する日本式双晶と呼ばれる水晶も有名です。不思議な、複合的な群晶や、結晶化している最中にいろいろな鉱物、油、水が中に入った水晶も存在します。

このように、水晶にはどん欲にそばにある鉱物などを吸い上げる性質があります。だから力が強くなるのです。

六角形は、コランダムやアクアマリンにも見受けられます。六角形の結晶を持つ石は、基本的には人間になついて、人間の祈りに寄り添う性質があるように思われます。あるいは人間の祈りを少しずつ形にしやすくする、あるいは思い描いたビジョンを引き寄せるという力があるように思います。そのような石の意志を感じるわけです。

昔、「ヒランヤ」という六角形のペンダント・ヘッドやプレートが願望実現にいいと称されて、流行ったことがありました。それを植物のそばに置いておくと、成長が早くなって枯れるのが遅くなるとして、話題になりました。

つまり六角形には、人間の念や祈り、潜在意識の力を共鳴させて、表現や実現をしやすくするという性質があったのだと思います。

また水晶は、一部でもいいから磨くと力が強まります。コミュニケーションがとりやすくなります。世界中に水晶細工の伝統文化があるのは、そのことをみなよくわかっていたからではないでしょうか。日本にも当然、水晶玉を磨いた文化があります。磨くと水晶の力が強まることは、昔からわかっていたのです。

水晶は歯と同じくらいの硬さですから、簡単には削れません。それでも磨く価値があることを知っていたのです。

石は精神のバロメーター

私もこれまでに何度も守られました。

今は石をブレスレットにする人が多くて、「ブレスレットが切れたから何か悪いことが起きるのでしょうか」とよく聞かれますが、そんなことはありません。

石をブレスレットにすると、日によって重く感じたり軽く感じたりすることがよくあります。実際の重量が大気中の水分などで重くなったり軽くなったりするのではなく、気配で重くなったり軽くなったりするのです。

軽く感じるときは、自分の調子がいいときで、石との共鳴度も高い感じがします。逆に妙に重く感じるときは、自分がちょっと不安定なときです。そういう意味で、石は自分の今日の調子の良し悪しを測るためのバロメーターになるわけです。「今日はちょっとテンションを上げたほうがいいかな」「今日は慎重に行動しよう」などと決める目安になるのです。

石のブレスレットを着けていると、不思議なことに面白いタイミングで切れます。

昔、ブレスレットを自分でつくって人に渡していたことがあるのですが、よく切れる人と切れない人がいます。ゴムではなくワイヤーを使っていても、渡したその日に切れてしまう人もいます。どうしてそうなるのかというと、スプーン曲げのような念力的な力を持っている可能性もあります。

スプーン曲げをおこなうとき、「スプーンを曲げたい」と念じながら、スプーン以外の周辺に念力をめちゃくちゃに飛ばす人もいます。こういう人はやたらと切れます。ブレスレットが念力で切れてしまうのです。それなのに「他人の邪気を受けた」とか「不吉なことが迫っている」とか「つくった人が悪いのだ」などという人もいます。

あくまでも平均値ですが、ブレスレットはゴムだと一年以内ぐらいに切れる一方、丈夫なワイヤーなら二年は持ちます。精神的に安定していると、切れにくくなり、その期間は長くなります。精神的に不安定だと、早く切れます。

私は以前、あるお稲荷さんにいったときに、お賽銭《さいせん》を投げた瞬間にブレスレットが切れて、石が飛び散ったことがあります。結構、翡翠を使った良いブレスレットだったのですが、そのとき「あっ、この子たちは土に返りたいのだな」ということがわかりました。そこで、その石をきれいに洗って、さまざまなご神木の根元にひとつずつ埋めてきた記憶があります。

意志を持ってしゃべる石

石が「マザーアース（母なる大地）に戻りたがる時」というものがあります。

以前私が住んでいた場所のそばに小さな神社がありました。八雲《やぐも》神社の系列だったので八雲さんと呼ばれる神社でした。隕石が落ちた場所に建てられた神社だと感じます。実際に境内で拾った石が隕石だったこともありました。

石とご縁があるのか、今でもその神社にいくと、だれかが必ずといっていいほど水晶の欠片を境内に置いていっています。私と同じように、石を土に返そうとして置いていったのではないでしょうか。石に由来する神社は石を引き寄せるのです。

玉石とか棒石とか特殊な彫刻を施した石がご神体であるという神社も多く見られます。そもそも「磐座《いわくら》」とされる石を神社のご神体とする歴史は非常に古いのです。縄文時代までさかのぼることができます。「さざれ石」といわれる、さまざまな石の成分が内包された礫岩《れきがん》が使われることが多いのです。特に五色岩と呼ばれ、五色の石が内包された礫岩は、さざれ石として一番エネルギーが強いと感じます。

日本では昔から、赤系統の石、すなわちチャートだとか、マンガン鉱の一部だとかが非常にエネルギーが強いとして珍重されてきました。

日本のパワーストーンとして代表的なものは、菊花石、神居古潭石《かむいこたんせき》、佐渡の赤玉・青玉と呼ばれる3種類で、これらが一番高貴な石だとされています。

日本の、水石《すいせき》（室内に置いて観賞する自然石）を床の間に飾る習慣は古く、いまだに品評会が各地で開かれたりしています。そうした品評会のリストを読むと、昔から日本中のパワースポットから石を持ってきては飾る習慣があったことがわかります。もしかしたら、石を家の中に置く習慣は、日本が最も古くから続けているのかもしれません。

古いお寺から出た赤いチャートをもらって枕にして寝たところ、毎晩よくしゃべっていました。その影響で夢見が激しくなりすぎて、大変でした。石は、こちらを怖がらせないように、わざわざいろいろなキャラクターに扮して夢に出てきました。そしてやたら歴史のことを次から次へと語ります。面白いから、それを続けていたのですが、あるとき「お前は、その石に頼りすぎているから、どこどこの神社に奉納してこい」というお告げがありました。石は、その啓示に従って奉納しました。

パワーストーンは、コミュニケーション・ストーンでもあります。その石が持っている意志がどういう世界とコミュニケーションをしているかを知ることが必要です。意志のある石は、身近な人間にその意志を伝えようとします。意志をコピーして伝えようとする道具の役割を果たしているのです。

石は、持っている人の心と共鳴してきます。いい石を持てば、私たちは安定した心を持つことができるのです。

未来を予言する石

変わったところでは、「予言をする石」というのもあります。哲学館（のちの東洋大学）を創設した井上円了《いのうええんりょう》（1858〜1919）が『真怪』という本で紹介されているのですが、その石を持ったときの重さの感覚によって運命を判断できるのだと書いています。

伊豆修善寺《いずしゅぜんじ》や美濃《みの》（今の岐阜県南部）揖斐《いび》郡などにある「お伺い石」は、そのような石です。

「預言する石」を紹介した
井上円了

一家に災難が降り注ぐかどうかとか、自分が病気になるのかどうかといったことを知るために、その石を持ち上げて、重く感じるか軽く感じるかで判定するというわけです。

もちろん先入観があれば、無意識的に重く感じたり軽く感じたりする場合もありますが、石自身がその人の未来と共鳴して、吉兆を判断して知らせてくれることは十分にあることだと思います。

井上はまた、迷信や思い込みによって生じる怪現象があるとしながらも、「迷雲を払って真月を見よ、妄眼をぬぐって真怪に接せよ」「目前現在の事々物々を達観洞視すれば、真怪の光輝を感見することができる」と書いています。

霊眼でモノを見れば、モノに宿っている「光輝」に接触する道が開けるというのです。モノの内側の光とは、要するに「モノの心」のことです。

面白いことに、予言するという石は古代アイルランドにもありました。ケルト民族が流入するはるか前に巨石文明を築いたとされるダーナ神族が所持していた「リア・ファイル」という運命の石です。この石はアイルランドの初期の王たちの手に渡り、正統で正しい王が戴冠式《たいかんしき》のときにその石の上に立てば、人間の声で叫び声をあげ、予言をしたのだといいます。その石は6世紀にアイルランドからスコットランドに渡り、その後13世紀に英国王エドワード1世がイギリスに移し、現在はロンドンのウェストミンスター寺院に「戴冠石」として安置されているとの説もあります。

未来と共鳴するとされる石は、古くから脈々と語り継がれているわけです。

水晶や翡翠との付き合い方

ときどき、水晶の表面に三角形が浮き出ている石があります。精神世界ではこれをレコード・キーパー・クリスタルと呼びます。一方、CDの表面のように横筋がたくさん入っている石をレムリアンと呼びます。どちらも超古代の記憶を持っているという石です。

人間の文明・文化に寄り添って時代時代を記憶しているのが水晶だ、ともいわれています。水晶は、タイミングや時間に敏感な石なのでしょう。水晶を持っていると、物事が起きるタイミングが心地よくなります。タイミングがピシャッと合うようにもなります。

面白いのは、水晶にも翡翠にも元気な石と元気のない石があることです。長い目で見ると、どちらがいいとはいえませんが、元気のいい石は、最初はタイミングが合わなくなります。「なんだ、この石は」と思うに違いありません。確かに、最初はタイミングがずれるような現象が起こります。それは石と持ち主の人間が霊的なすり合わせをしている時間なのだと思ってください。自分のマインドや体と石がすり合わせをして、ある種霊的な微調整をしているわけです。

最初に「何かタイミングが合わないな」ということがあると、それから3日間くらいで落ち着いてきます。その後、石のほうがよくなついてきて、物事がうまくいくことが多いのです。石になつかれると、その人の精神状態はとても安定してきます。

これに対して、力のない石は「タイミングが合わない」ということが少ない半面、ややプラスかなという程度の効果しかない場合が多いように思われます。

ですから、最初に変にタイミングがずれるという石のほうが、後々非常によくなついて、命や生活を共にできる石になるように思います。

逆にそれに依存しすぎて、「この石がないと怖い」とか「この石がないと不安になる」などと極端に必要とするようになったら、それは手放すときです。私の場合はだいたい、精霊や神様が啓示で教えてくれます。だから、啓示があるまでは大事にその石を持つようにしています。

私と翡翠との出会いも、最初はちぐはぐな経験でした。あるとき、初めて糸魚川に翡翠を拾いにいきました。2016年の国石指定よりはるか前の昔の話です。

そのとき、結構たくさん翡翠を拾ったと思ったのですが、後でアベチュリンやフクサイトという別の石であることがわかりました。専門家のところに持っていったら、「ああ、翡翠はひとつもないね」といわれる始末。俗にいう「狐石《きつねいし》」だったわけです。色は翡翠とそっくりです。水に浸すとソコソコ色がきれいだし、本当に区別がつきません。翡翠とは本当にタイミングが合わず、結局「狐石」は糸魚川に返しにいきました。

それがあってからというもの、私は翡翠を遠ざけていた時期がありました。しかし、勉学を進めて翡翠のことがわかってくると、だんだんと本物の翡翠が集まるようになってきました。翡翠は身に着けていると、色もどんどん変わってきます。中のほかの石が溶け出して、色が鮮やかになったり透明度が高くなったりするのです。最初は真っ白な翡翠も、中に紫の成分が入った石があるとそれが溶け出して紫っぽくなっていきます。緑の石が溶け出すと、緑っぽくなってきます。青や、青と紫の中間の色も出てきます。ですから、翡翠は好きになると、奥深くて面白い石です。

鉱石や宝石について、ずいぶんページを割きました。もう十分と思う人もいるかもしれませんが、鉱石や宝石は本当に人間と心を通わせてくる不思議なモノです。こうした石たちを活用しない手はないのです。基本的な石の性質を知っていると必ず役に立ちます。きっと、あなたの毎日に活気やエネルギーをもたらし、人生を豊かにしてくれるはずです。

植物には「知性」も「言葉」もある――植物の心

次に植物の心についても説明していきましょう。日本人は古くから大木や古木を神霊が寄りつく「依《よ》り代《しろ》」としたり、霊木として祀ってきました。植物はモノではありませんが、植物にも「心がある」というと、意外に思う人が多いのではないでしょうか？

鉱物の心に対する無理解とは違って、最近になってようやく植物にも心があるのではないかとの研究が発表されるようになりました。うれしい限りです。13歳のときに植物の妖精と会話して以来、私の中では、植物に心があるのは当たり前のことだったのです。もちろんここでの心の定義も、何かを表現する意志を持っていることです。

たとえばトマトは虫に襲われると、化学物質を放出して周囲の仲間に危険を知らせることが昔から知られています。これは害虫に襲われた樹木などでも、広範に認められている植物の行動です。知らせを受けた植物は、その害虫が不快に思うような揮発性化合物を出して、防御態勢に入るわけです。

このように植物間で連絡を取り合って、ある行動を起こすということは知性が備わっているということです。

自分より背の高い植物によって日陰で育っている植物がなんとか背丈を伸ばしてライバルの背丈を超えようとする「避陰《ひいん》反応」という動きも、危機リスクを回避しようとする植物の知性を端的に表しています。

植物はまた、匂いも意図的につくり出します。ローズマリーやバジル、レモンなどの匂いには明確なメッセージがあるのです。ある特定の昆虫を誘い出すために、客引きをしているようなものです。

多様な異なる化合物である匂いは、植物の言語として機能しているとみなす学者もいます。『植物は〈知性〉をもっている』を書いたイタリア・フィレンツェ大学農学部教授のステファノ・マンクーゾ（1965〜）らです。差し迫る危険を警告するためだけでなく、自分がストレスを感じていることを示したり、被害を受けている害虫の天敵を呼び寄せたりするために植物がつくり出す揮発性化合物は、言葉以外の何ものでもないというわけです。

マンクーゾ教授がいうように、植物が知性を持っているのは明白な事実です。知性が問題を解決する能力だとすれば、間違いなく植物は意志を持っています。意志があれば心がないというほうが難しくなります。脳がなければ知性がないということではありません。脳がすべてという「頭でっかち」にはならないことです。

植物には目も鼻も耳も舌も胃もありませんが、根や葉の繊毛《せんもう》といった別の器官を使った視覚、嗅覚、聴覚、味覚、消化能力は持っていると同教授は書いています。植物は根や枝を神経細胞のように土中や大気中に張り巡らせて、情報ネットワークのような構造すら持っているのです。

それを統合して生きているのであれば、統合しているものは知性であり、心であるとしかいいようがないのです。そして、人間の吐く息やオーラなどから敏感に個々の存在を識別して感じ取り、反応する。まさに、心を持っている存在としかいいようがありません。私には、その植物の知性ある心が、植物の妖精として見えるわけです。

菌は時に人間を支配する？――菌類の心

かつては植物に分類されていた菌類にも、知性があるのではないかと考えられるようになってきました。彼らは植物や動物の生死の運命を握りながら、菌類同士でつながってひとつの大きな知性体としての意識を持つのです。そのことを詳《つまび》らかにしたのは、イギリスの植物学者マーリン・シェルドレイク氏です。

彼女は前章で紹介したルパード・シェルドレイクの娘で、「この親にしてこの子あり」という言葉がぴったりの研究者です。スミソニアン熱帯研究所のリサーチ・フェローとしてパナマの熱帯雨林で地中の菌類ネットワークを研究したことにより英国ケンブリッジ大学の熱帯生物学の博士号を取得。彼女の初の著書である『菌類が世界を救う』（河出書房新社刊）は、米国の雑誌『タイム』の２０２０年の必読書１００選に選ばれ、２０２１年には王立協会科学図書賞を受賞するなど高い評価を得ました。

その著書によると、菌類のタイワンアリタケは、チクシトゲアリなどのオオアリが感染すると、宿主のアリの行動を見事な正確さで支配、自分がキノコを伸ばすのに適した温度と湿度の場所（林床から25センチ上）でアリを植物の主葉脈に噛《か》みつかせます。しかも感染したアリたちを自分にとって都合のいい太陽の方向に向け、正午にそろって噛みつかせることもできるといいます。アリはそのまま死を迎えます。この菌に感染したアリは生きながらにして、まるで心を菌に奪われてしまったかのように「死の噛みつき」を実行させられるのだそうです。

アリの心を動かせるということは、菌にも同等のモノがあるから支配できるのではないでしょうか。

麻薬原料植物として法律で規制されているマジックマッシュルームなどの菌類は、産生するシロシビンという化学物質を使って人間の意識と行動を劇的に変化させることが知られています。人間はシロシビンによって幻覚、神秘的な体験、自己崩壊といった変性意識状態に陥り、錯乱により死に至る事故を起こすこともあります。まるでマジックマッシュルームに心を占拠されたかのように、ある意味キノコ化するわけです。それはすなわち、マジックマッシュルームが人間の体を奪って、菌類の描く宇宙を表現しているということでもあるのではないでしょうか。もちろん、決して試したりしてはいけません。

また、菌類は植物とのあいだに菌根ネットワークを形成していることもわかってきました。地中において、菌類と植物の根のあいだには無数の微小な相互作用が起きているのです。たとえば、菌類が植物の成長に欠かせないリンや窒素を植物に供給、植物は菌類に炭素や炭素化合物（糖または脂質）といったエネルギーを供給しています。菌類は植物間の栄養素を交換するネットワーク内の物質輸送を調整する能力があるとさえ考えられています。

植物の周りを根から土の中までずっと覆い尽くす菌根ネットワークがあり、それが隣の植物の菌根ネットワークと融合し、異種、同種を含む複雑で広範囲に及ぶ共有菌根ネットワークの世界が地中に存在しているわけです。

しかも彼ら（すなわち菌類と植物）は、動物の脳と脊髄《せきずい》においてよく観察される神経伝達物質を使って、菌根シナプス（ニューロン間の接合部）をとおって、相互に情報をやり取りしていることも知られるようになりました。ここまでいくと、ひとつの大きな生命の中で菌類と植物が共存共栄しているように思えてきます。

菌類と植物のひとつひとつ、一本一本が集合してひとつの大きな生命体の意志（心）を持っているというわけです。それらを地球的に眺めると、ミクロ的には植物や菌類ひとつひとつに心が存在し、ホロン的にさらに大きな心に包まれていく様が見て取れます。

それらが、森の心だったり、山の心だったり、地球の心だったりするのではないでしょうか。人間の心もその一部です。万物は心でつながっており、地球の心を形成しているのです。

ひとつひとつの菌が仲間同士でつながって集合体を形成し、それが多くの植物の根とコミュニケーションを取りながらつながって、ひとつの生命体ともいえる共同体をつくっているのです。そして菌根共同の「心」は、動物の「心」とつながることで、森がひとつの生命体として機能するようになります。それが森の「心」です。

同様に私たち人間も、ひとつひとつの細胞がつながって臓器という集合体を形成し、臓器同士も神経や血管や脳とつながってひとつの生命体が誕生します。その人間同士もつながると家や村が形成され、ひとつの共同体が出来上がります。さらに意識は町や都市、国家という共同体へと拡大して、人間の集合体となります。

それが他の動植物や鉱物など地球に存在するあらゆるモノとつながることによって形成される「心」が、ガイアと呼ばれる地球の意識なのです。

あらゆるモノの構成要素に魂が宿る——細胞・素粒子の心

ミクロ的に見れば、ひとつひとつの細胞、ひとつひとつの分子や素粒子にも、心がきっと見つかるはずです。たとえばイカやタコの足を、細胞と関連した例として挙げましょう。切り離された足は、何かを成し遂げようとして、本体が死んでからもぴくぴく動きます。その成し遂げようとする意志は、まさに心特有の性質です。生物が生きようとする原初の心が存在するように思われます。

細胞も同様です。切り離された細胞は、干涸《ひから》びたりしない限り、生き続けています。ちゃんと記憶も意志も持っているのです。右に曲がりたいとか、左に曲がりたいとか、ひとつひとつにそうした意志があるのです。

さらにミクロの世界をのぞいてみれば、分子や原子、素粒子がまさに細胞と同じように意志を持って動いています。素粒子などは、右のスピンか左のスピンかで見分ける双子の粒子すら存在するわけです。宇宙的なマクロから微細領域における素粒子まで、万物には心が存在するのです。

一寸の虫にも五分の魂といいますが、生物だけでなく、素粒子などごく微細な粒子にも表現をしようとする心が備わっているのです。その無数の粒子が集まると、物質の心や細胞の心が生まれます。その多数の細胞が集まると、物質や生命の心や霊性が誕生するのです。

その生命同士、物質同士が集まって、それぞれの種の心や霊性を形成します。多種多様な物質や生命の種が集まると、ガイアなど惑星規模の巨大な心の集合体である「惑星意識」が誕生するわけです。

4章

「モノの心」とつながる日本古来の知恵

日本人が知っていた「宇宙原初の心」

おそらく宇宙の原初には、宇宙を創造したい、宇宙を表現してみたいという「心」があったのです。そのことを「示し申し上げたい」とする神（神）の心があったのではないでしょうか。その「心」に触発されて、右回りにスピン（回転）したいとか、左回りにスピンしたいとかいう素粒子が現れます。その後、より物質に近い原子という微粒子が現れ、物質世界を形成しようとします。そこに、原子を周回して応援したいとする電子という素粒子がくっついて回りはじめたわけです。

その構図がホロン構造となって、複雑な組み合わせを形成し、より大きな宇宙へと発展していきます。惑星を回る衛星が生まれ、その惑星が周回する恒星（太陽）も存在しています。その恒星を中心とする太陽系も、銀河系という大きな渦の構成員に過ぎません。銀河系のような星雲は宇宙に無数にあり、それぞれの星雲すら、より大きな構造によって動かされる力も存在しています。そう考えると、宇宙はすべて素粒子の回転からはじまったように感じます。

実はそのことを如実に物語っているのが、『古事記』の創世神話です。

それによると、高天原《たかまがはら》の神々から泥のような海を固めて国をつくれと勅命された伊弉諾《いざなぎ》と伊弉冉《いざなみ》の二神は、天沼矛《あめのぬぼこ》で泥の海をコロコロとかき回して、滴《したた》る塩でオノゴロ島をつくります。そして、二神はその島に降り立ち、そこに目に見えない「天《あめ》の御柱《みはしら》」を建てます。そして、二神はその柱の周りをそれぞれが右回り、左回りして次々と島々を生んでいくわけです。

この描写は、まさに一対の素粒子の逆回転のスピンによって宇宙が構成されていくことを表しているように思われます。

では、肝心の「私たちの心」はどこから生まれたのでしょうか。

原初の宇宙に、つまり素粒子に「心の種」が宿っていたから、生命が誕生することができたのではないでしょうか。自然科学的に見ても、もし原初の素粒子に心が宿っていないとすると、論理的には無から有は生まれないわけですから、心を持った生命はおろか、生物すら未来永劫《えいごう》誕生しないことになります。自分自身の存在を否定してどうするのか、という話です。

そうではなくて、現在の私たちの世界に心を持った存在がいるならば、生命はいなかったとされる原初の宇宙にも、心はあったとみなすべきなのです。少なくとも原初の神には、無数の「心の種」があったはずです。

そのことにも、古代の日本人はおそらく気づいていました。古神道や神道に見られる分け御《み》霊《たま》（分霊）の考えです。その思想によれば、神霊はいくつにも分かれ、分詞、分社、新宮などに宿らせて祀ることができます。その分けられた分霊もまた本祀の神と同じ働きをすると考えるわけです。

この考えを広げていけば、神の〝分子〟ともいえる分霊は当然、どこにでも存在できることになります。万物に神は宿れます。当然、神の心は、素粒子にも、人間にも、森にも、地球にも宿れるわけです。

そして、ここにもある種のホロン構造があることを見逃してはいけません。人体という全体を構成する要素である細胞も、それぞれが全体としての構造、機能を持っているのです。私たち自身も、人類の心を構成する部分であると同時に、神が創造した宇宙の心を構成する部分（分霊）なのです。別の言い方をすると、神は素粒子を含むあらゆるものの「心」の集合体ともいえるわけです。

日本に息づく共鳴作法の哲学と「道《どう》」

この分霊の考えを持つことによって、古来日本人は万物に魂（神）が宿り、植物にも鉱物にも心があることを感じ取っていたのです。その古代日本の伝統的なアニミズムが、シュメール文明の天文学や占星術を基にして古代中国で発展した老荘思想家（道家）が唱える陰陽説や、儒家が唱える五行説《ごぎょうせつ》と、長い時間をかけて合体融合していきます。そして、「モノの心」や「神の心」にどうすればつながることができるのか、何をすればその心と通い合い、自分の生活に取り入れて、心を豊かにしていけるかを考えた集大成が、「道」として確立していったのです。

今では、華道、茶道、香道、合気道などに見られる道が、目に見えない「心」を知る極意を伝えています。華道は花の心、茶道は茶と水の心、香道は香りの心、合気道はモノと人間の心をつなげる方法であると同時に、それぞれの「心」や感覚と共鳴させる技術でもあるのです。

言い換えると、「道」はモノの心と自分の心を共鳴するための方法のことです。これらの道はいずれも、アニミズムと陰陽五行思想から派生した道であると見ることもできます。

そのひとつひとつを見ていきましょう。

1 陰陽道

中国の春秋《しゅんじゅう》戦国時代に流行した古代哲学で、生命の根源、あるいは宇宙の活力なるものを「気」と名付け、宇宙の万物は陰と陽の二気からなり、それによって自然界の秩序は保たれていると説きました。陰陽二気の変化に正しく順応すれば、政治も日常生活もうまくいくというわけです。

陰陽説の「気」は、本書でいう「心」に非常によく似ています。違いは、気は心から発せられる性質のようなものであるということです。陰と陽をそれぞれ発する目に見えない本体（心）が存在するのです。

陰陽説のように、陰と陽の気に気づくことは非常に大切なことです。そのふたつの気の違いに気づくのは、それほど難しくありません。日本人なら普段から敏感に雰囲気の暗さや明るさを感じ取っているからです。「まるでお通夜のように暗い」などという言葉を聞きますが、それほど日本人は気の暗さとか明るさに敏感です。それは場の気を感じ取る能力が強いからです。「空気を読む」という能力ですね。

陰と陽の気はバランスをとる必要があります。どちらも「過ぎたるは及ばざるがごとし」です。お通夜のような陰の気が続けば、祭りのような陽の気が必要になることを昔から日本人は知っていました。晴れ（ハレ）の日や、穢《けが》れの日があります。祭りや儀礼などの年中行事は、ある種、陰陽のバランスを保つためにあります。陰と陽は善悪でも正邪でもなく、心のスパイスなのです。

2 五行思想

やはり中国の春秋戦国時代に流行した古代哲学で、天地のあいだに循環流行して停滞しない木火土金水という五つの元気（五行）があり、この五行の働きによって宇宙のあらゆる事象が起こると説いています。

五行説では、自然界の原理として五行相生《そうしょう》と五行相克《そうこく》があるとします。前者は、木は火を生じ、火は土を生じ、土は金を生じ、金は水を生じ、水は木を生じるとします。一方後者は、木は土に克《か》ち（土から精を取る）、土は水に克ち（雨を吸収する）、水は火に克ち（火を消す）、火は金に克ち（金属を溶かす）、金は木に克つ（金属によって木を切る）とします。自然界にはそのような変遷《へんせん》があると見て、万物の流転《るてん》を読み取るわけです。

これも自然界の「心」とつながる方法としては非常に有効です。木には木の、火には火の、土には土の、金には金の、水には水の、それぞれの「心」があるからです。今は五行のどれが強まっているのかを読み解くことができれば、時代の流れが見えてくるはずです。

3 茶道

陰陽説と五行説、すなわち陰陽五行の思想を取り入れて「茶の心」を表現したのが茶道です。最初につながることになるのは、陰の心です。「初座《しょざ》の陰」といって、簾《すだれ》越しの陰影の中、静かに掛け軸を観賞する時間が設けられています。次に「後座《ござ》の陽」といって、中立《なかだち》の後に再び茶室に入ったときに、今度は陽の心と共鳴する時間があります。簾が巻き上げられて日が差し込み、一転明るくなった茶室で花を観賞するのです。こうして陰と陽を感じた後、濃茶《こいちゃ》の時間がはじまる作法になっているのです。

炉や囲炉裏《いろり》が開かれた茶室には、五行を感じる仕掛けが施されています。「炉の五行」といって、炉縁《ろぶち》の木、炭の火、炉壇《ろだん》（日本では木製が多いが、本来は土製）の土、釜の金、釜の中の水です。ここで「五行の心」と触れ合います。

このように茶道には、陰陽五行にのっとった作法しかありません。すべての所作は陰陽五行を感じるための動きです。「五行の心」と触れ合ったり、感じたりすることによって、「モノの心」を知る感性を養うことが茶道の目的でもあるのです。それに関連して、茶道についての著作が多い黒田宗光《くろだそうこう》（1928〜2009）は「茶の稽古は居ながらにして、天地四方八方、四季など万物の摂理を肌身に感じとる妙境を得ることでもある」と書いています。

また茶道には実利的な面もあります。お茶が五行と共鳴すると、体に良い飲み物になるからです。五行がバランスよく配置された場で飲んだお茶は、体を癒やしてくれます。ありとあらゆる食物についている雑菌やカビが悪さをしないように抑え込んでくれるのです。

4 華道

華道は樹枝や草花を切って花器に挿し、人間が手を加えて形を整え、その風姿を観賞する技術・理論です。根底には植物の心を愛《め》でるというアニミズムの流れがあります。

華道では五行ではなく、基本的に天地人の3つの心を読むことが基本となります。三才と呼ばれる見方です。天の心、地の心、人の心を、生け花を通して共鳴させるのです。その3つの異なる心を象徴する意味もあり、花材には「木もの」「花もの」「葉もの」を使い、色や質感、季節を考慮しながら組み合わせていくわけです。

華道の天地人

共鳴させることができると、そこにある種のホロン構造が生まれ、ひとつの宇宙、ひとつの世界が表現されます。そうなると、花を切って生けても長持ちしたり、家の中に悪いコミュニケーターがはいってこないように花が守ってくれたりするのです。

5 香道

沈香《じんこう》、竜脳《りゅうのう》など主に東南アジアで産出される香木の香りを鑑賞する芸道です。香木自体が生き物で、ひとつひとつに心や魂が宿るというアニミズム的思想が根底にあります。そのため、香道では香を「嗅ぐ」という表現は避け、香を「聞く」という表現を使います。香木の心が何を語りかけてきているのかを、心を澄まして聴くという意味があります。そして、香木との対話を通じて、自然や地球の声を聞き、自然と一体化し、同時に自身と向き合い、思索を深めていくわけです。

儀礼や儀式において香を炷《た》くのも、広い意味では香道と呼べます。日本には、香りや素材、形などの組み合わせによってモノにどのように表現させるかを工夫する知恵がもともとあったのです。モノが持つ心を上手に組み合わせて、その表現を楽しみます。

たとえば、三角香型のお香を炷いたとします。不思議なことに、同じお香でも大きめの石の上でお香を炷くのと、木製の皿の上でお香を炷くのでは、お香の気持ちよさがまったく違います。木製の皿ではダメなのです。単に燃えるので危ないということもありますが、石のほうが断然いいのです。ただし、石の上に焦げ目がつくので、きれいなパワーストーンを使うのは、もったいないので避けたほうがいいでしょう。

石皿ひとつを置くだけで十分です。石の上でお香を炷くと、性質がまったく変わります。その石の代用物として陶器の皿があります。石の代用物として陶器、磁器という感覚が出てきます。焼き物の器という感覚です。

6 気功・合気道

気功は中国伝統の代替治療、民間療法で、「気」を養い、体内にめぐらせることにより心身の健康を得るための健康法でもあります。この健康法は自分で実践できるので内気功《ないきこう》と呼ばれました。これとは別に、気功師が被施術者にその人に必要な「良い気」を体内に入れて、身体に合わない「悪い気」を体外に排出させるなど「気の交換」をおこなって患部等を癒やす外気功《がいきこう》があります。

特にこの外気功の「気の交換」では、気が瞬時に伝わることが知られています。感覚的には「気の交感」あるいはテレパシーに近い能力です。普段はオカルト的現象を肯定的に扱わないNHKですが、以前、科学番組『サイエンスQ』で超能力を取り上げた際、気功師と被験者とのあいだで脳波が同調する現象が起きることを実験で明らかにしています。

すなわち気功の「気」は、音や熱、電気といった物理的なエネルギー伝達系ではなく、人間が持つ同調系、共鳴系の能力なのです。「虫の知らせ」「第六感」などといわれることもありますが、それはだれもが持っています。この能力を使えば、自然界の「気」と交流し、万物の心とつながることができます。

気功ではありませんが、合気道も相手の〝気〟（攻撃の意志、タイミング、力のベクトルなど）に自分の〝気〟を合わせて、相手の攻撃を無力化させる技法と原理を持った武術で、心と心の共鳴を利用した武道であるといえるかもしれません。

7 大相撲（相撲道）

あまり知られていませんが、大相撲も本来、宇宙の摂理とつながり、現在の状態と未来を占う儀式でした。外側の四角く盛り土された土俵は陰の「地」を表し、内側の丸い土俵は陽の「天」を表します。外側の四隅には、五行の色の房が下がっており、それぞれ白房《しろぶさ》、黒《くろ》房《ぶさ》、青房《あおぶさ》、赤房《あかぶさ》と名付けられ、易経《えききょう》の卦が冠された坤柱、乾柱、艮柱、巽柱があります。真ん中の土俵には土の黄色が配置されて五行となります。

相撲の土俵と八卦

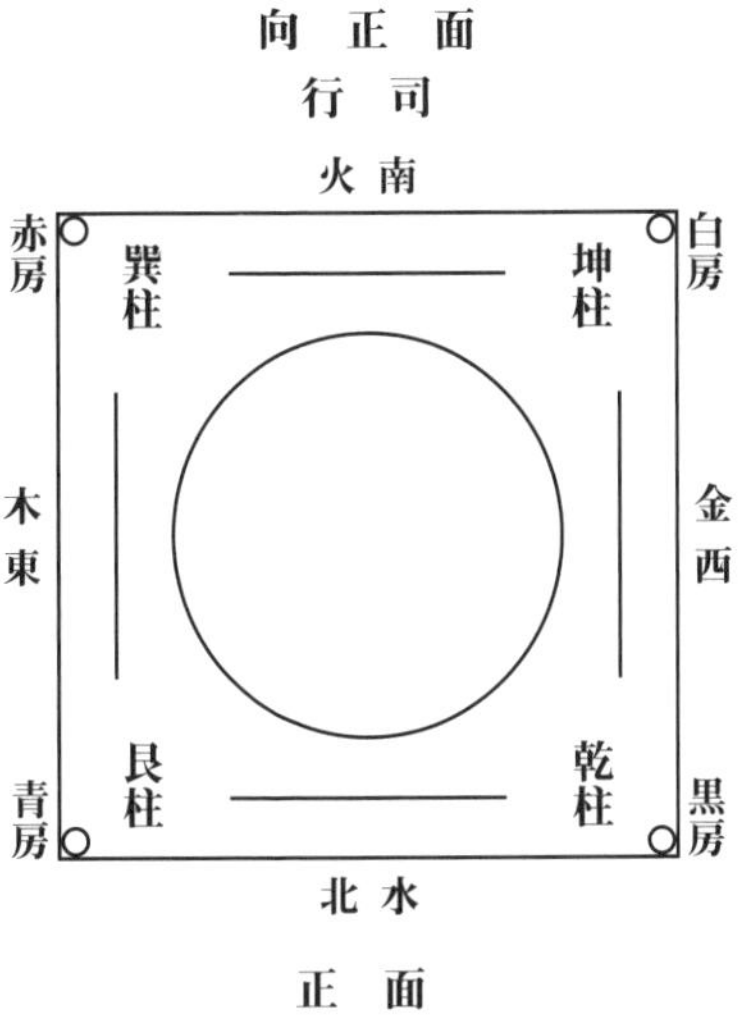

中の円が天であり陽
外の角が地であり陰

　こうして陰陽五行と八卦が配された土俵で、シンボル的な意味のある「醜名《しこな》」を持った力士同士が立ち合い、行事が発する「はっけ（八卦）よい、のこった」の掛け声に促されて勝負を決します。その際、どちらがどの方角のどの卦に押し出されたか、投げ出されたか、あるいは投げ倒されたかなどの「決《き》り手《ま》」を見て、易占がおこなわれたのではないでしょうか。

すべてが土俵を宇宙に見立てて、あるいは土俵と宇宙を共鳴させて、その年の吉凶を占う儀式であったわけです。これを占断道と見ることもできます。

8 易経（形・シンボル・数）

大相撲に見られるように、易経は自分の心やほかの人の心を、流転する万物の「心」とつなげることを可能とする究極の方法です。神の心と自分の心を共鳴させて、偶然の中に万物の摂理を見いだす技術が易占であり占断道なのです。

万物に心があるとみなし、八方それぞれの方角には、それぞれの心が宿ると考えます。そしてその「心」には性質があるわけです。形にも、色にも、数字にも「心」があります。

八卦は万物の「心」を坎艮震巽離坤兌乾《かんごんしんそんりこんだけん》という8つの性質に分けたのです。その8つの「心」をひとつずつ見ていきましょう。


【坎《かん》】

この卦の性質を示すシンボルは、自然界の表象は水、方角は北であり、色は黒、数字は6で、形は深く窪《くぼ》んだ「凹」です。これらはみな、「深く掘り下げる心」があることを示しています。形にも色にも方角にも、そのような「心」が宿っています。滝や雨、深い渓谷、断層、割れ目、洞窟、井戸がある場所にいくと、「深く掘り下げる心」や「集中する心」を感じることができます。

【艮《ごん》】

この卦の性質を示すシンボルは、自然界の表象は山、方角は北東、色は藍色、数字は7で、形は「凸」、山形です。これらはみな、「伝統的なことを守ろうとする心」があることを示しています。丘や山、陵など盛り上がった場所、立石《りっせき》、磐座《いわくら》などにいくと「伝統的なことを維持・継続させようとする心」「歴史的なことを調べようとする心」と触れ合うことができます。

【震《しん》】

この卦の性質を示すシンボルは、自然界の表象は木や雷、方角は東、色は緑と青、数字は4で、形は円柱や長方形です。これらはみな、「みなと協和して、今ある関係を最優先しようとする心」があることを示しています。林や森、祭り、賑やかな繁華街、音がよく響く場所、生き物が混在する場所にいくと、「人間関係を大切にする心」「協調しようとする心」を強く感じることができます。

【巽《そん》】

この卦の性質を示すシンボルは、自然界の表象は風、方角は南東、色は紫、数字は5で、形は曲線や波打つ形です。これらはみな、「自由になろうとする心」があることを示しています。

高原や風の通り道にいったり、嵐や台風、突風、竜巻に遭《あ》ったりすると、「抑圧や混乱から解放されたいとする心」「伝統や規則にこだわらず、斬新なことをする心」と共鳴することができます。

【離《り》】

この卦の性質を示すシンボルは、自然界の表象は火、方角は南、色は赤、数字は3で、形は三角形です。これらはみな、「熱意や激しさの心」があることを示しています。火山地帯や乾燥地帯、火がある場所や熱のある場所にいくと、「表面を着飾ろうとする心」「情熱的な心」に出会うことができます。

【坤《こん》】

この卦の性質を示すシンボルは、自然界の表象は土や大地、方角は南西、色はピンクやオレンジ、数字は8で、形は正方形です。これらはみな、「受容する心」があることを示していいます。田園地帯や平野、畑など土のあるところにいくと、「寛大で包容力のある心」「和やかで受容力のある心」を実感することができます。

【兌《だ》】

この卦の性質を示すシンボルは、自然界の表象は金や沢、方角は西、色は白と金、数字は2で、形は三日月です。これらはみな、「コミュニケーションをしようとする心」があることを示しています。湖や沼地、水の浅い渓谷、湿った窪みなどにいくと、「快活で雄弁な心」「天真爛《てんしんらん》漫《まん》な心」と触れ合うことができます。

【乾《けん》】

この卦の性質を示すシンボルは、自然界の表象は天、方角は北西、色はグレー、数字は1で形は円形です。これらはみな、「率先して実行しようという心」があることを示しています。青空や雲、星や宇宙を眺めたり、景勝地にいったりすると、「人に頼らず、何事も自分でやろうという心」「積極的に行動しようという心」が自然と湧いてきたりします。

以上が万物の心とつながるための主な8つの方法ですが、これ以外にもいろいろな方法があります。

味覚と触覚で食材の心を知る

形や色、香りにも心があるわけですから、食べ物にもそれぞれ心があります。味覚をとおして食べ物の心を知ることができます。味には五行に対応する「心」の性質があるのです。

酸っぱいと感じる食べ物には木の心があり、苦いと感じる食べ物には火の心があります。同様に甘い食べ物は土の心、辛い食べ物は金の心、塩辛い食べ物には水の心が宿っています。

このように五行に対応しているわけですから、当然のことながら、味は五臓や五季とも対応します。酸っぱい食べ物は、五臓では肝臓に、季節では春に相対します。苦い食べ物は五臓で

五行・五味・五色・五季・五方・五臓・五感の関係

五行	五味	五色	五季	五方	五臓	五感
木	酸《すっぱい》	青	春	東	肝臓	聴
火	苦《にがい》	赤	夏	南	心臓	視
土	甘《あまい》	黄	土用	中央	脾臓	味
金	辛《からい》	白	秋	西	肺臓	触
水	鹹《しおからい》	黒	冬	北	腎臓	嗅

は心臓、季節では夏。辛い食べ物は肺臓と秋に、塩辛い食べ物は腎臓と冬にそれぞれ対応します。

そして甘い食べ物は脾臓で、季節は四季に偏在する土用となるわけです。

味覚でモノの心を知るようになるには、とにかく本当においしくて質の良い素材のものを食べることです。美味しいものの中には、脂質や糖質など、摂りすぎると体に毒になるものがあります。そういうものは、たくさん食べなければいいのです。前章の水晶と翡翠の項でも書きましたが、使いすぎて、自分が依存するようになったら手放すのと同じです。美味しいものも、食べずにいられないほど依存するようになったら、しばらく距離を置くのです。

そこがモノとの対話で一番難しいところでもあります。別れるのが嫌になります。しかし、過度に享受すると、それはその人のためにならないのです。

ただし、味覚が狂っていると、美味しさも調味料でだまされますから気をつけなくてはなりません。そのモノの素材を深く味わうことです。

正直、今の鶏肉も牛肉も、調味料をつけずにただ頬張ったら、ほとんどは、まずくて食べられたものではありません。飽きるし、しかも臭い——なぜか。

それを教えてくれるのが、新鮮かどうかです。朝、捕獲したばかりのイノシシの肉など、軽くあぶっただけで、本当に美味しいです。こぼれ落ちた脂までみな舐《な》めて食べ尽くします。調味料がなくても、どんぐりの香りがして、甘くてうまいのです。

同じ肉でも天と地の差があります。それほど「モノの心」には違いがあるのです。その違いは、自分の舌で味わってみるしかありません。その味覚が狂ってしまっているのが、現代人の問題です。そもそも味覚がおかしくなっているので、さまざまな問題が生じるのです。

たとえば、五行では水とかかわると「塩辛い」と共鳴する塩でも、天然の岩から採った岩塩と、人工的な精製塩では、気の性質が違ってきます。岩塩をパウダーのようにすりおろした塩は、塩としては最高です。血圧を下げるミネラルも含まれています。岩塩をたくさん摂取しても、精製塩ほど血圧は上がりません。

塩は水に近いからです。塩辛い味というのは、水のチャンネルなのです。塩は水そのもの。水のエネルギーをまとっています。禊《みそぎ》で水浴びをしたり、葬式でお清めの塩をまくのも、同じ原理です。

味覚のほかには触覚や聴覚も大事で、それぞれで「心」を感じることも可能です。2024年に亡くなった世界的な指揮者の小澤征爾《おざわせいじ》氏も、音楽で大切なのは、巧拙《こうせつ》ではなく、人と音楽とが「どこでつながるか」だとよくいっていたそうです。音楽の「心」とつながり、それを表現するのが音楽家というものです。

自分の五感を丁寧に用いて、先入観を持たずに、歪みをなくしながら、ピュアな心でモノに触れてみることです。味覚、聴覚、触覚、視覚、嗅覚をフルに使って、モノの心を知ろうとすることです。

これらが代表的なモノの心を知る方法です。

5章

モノとの共鳴で奇跡が起こる

共鳴とは何か

これまでの章で、「自分の心とモノの心が共鳴する」と書いてきました。この章では、モノの心との共鳴について、具体例を挙げながら説明していきましょう。

学校の授業で、音叉《おんさ》を鳴らして共鳴させる実験をした人もいるでしょう。私がこの本でいっている共鳴現象とは、このような物理学が考えている「共鳴」とは異なります。むしろユングが提唱したシンクロニシティという現象とほぼイコールの現象を説明する言葉として使っています。

シンクロニシティとは、同じような音、言葉、性質、シンボル、型（パターン）、意味などが時空を超えて響き合い、引き寄せ合い、意味を持つ偶然の一致の現象のことです。現在の科学では解明不能な、物理的なエネルギーの伝達系ではない、目に見えない未知の力が引き起こしているのではないかと考えられています。

この現象は、光の速度などと関係なく瞬時に発生するため、量子力学の発見とかなり共通部分があることがわかっています。物理的に離れた空間に存在する同じ周波数や振動数を持つモノ同士が、片方が振動するともう片方も同期して振動をはじめるいわゆる共鳴に性質的によく似ているので、シンクロニシティを説明する言葉として、「共鳴」という言葉がよく使われるわけです。

それでは、この未知の「共鳴」によってどのような現象が起こるのでしょうか。

一番端的でわかりやすいのは、テレパシー実験です。かつてＩＳＬＩＳ（イスリス＝国際生命情報科学会）という公的機関が、日本でテレパシー能力があるとされる人たちを集めて、別々の時間に、地球の裏側にある自閉症の子供たちがいる施設に向かって、その子供たちが快活に活動しているというイメージをテレパシーで送らせる実験をしたことがあります。すると、非常に顕著《けんちょ》で有意な結果が出ました。明らかにその送信された時間に、子供たちの行動に変化が起きたと報告されています。

「虫の知らせ」とか「夢枕に立つ」といった現象も、心と心がつながる共鳴現象です。太平洋戦争中は、東南アジアの戦地に赴いた息子や夫が戦死したのとほぼ同じ時刻に、日本で待つ母親や妻の夢枕に立って自分の戦死を知らせたなどの事例が多く報告されています。あるいは真夜中、近くで雷が落ちて目が覚めると、寝室のタンスの前にホログラムの映像のような昔の服装をした男の人が立っていて、やがてその人はスーッと自分のほうに移動したかと思うと直角に曲がって壁の向こうに消えるという現象が起きた翌朝、親戚の不幸が伝えられたというようなケースもあります。

マーク・トウェインの予知夢

これらは時間的な位置が一致した共鳴現象の例ですが、予知夢や虫の知らせは未来の事象と共鳴を起こすケースだといえます。有名なのは、アメリカの小説家マーク・トウェイン（本名サミュエル・ラングホーン・クレメンズ／1835〜1910）が見た予知夢です。

サミュエル・クレメンズは20代だった1858年、弟のヘンリーと蒸気船の水先案内人になろうとして、ミシシッピ川を航行する大型外輪蒸気船の乗組員として働いていました。6月初旬のある晩、船はセントルイスの埠頭《ふとう》に着き、ふたりは上陸して姉の家を訪ね、夕食後、ヘンリーは船に戻り、サミュエルは姉の家に泊まりました。

その晩のことです。サミュエルが眠りに落ちてすぐにひとつの映像が浮かんできました。それは恐ろしいほど鮮明な夢で、なんと弟が死んで棺に入っている情景だったのです。棺は二脚の椅子の上に置かれており、ヘンリーの胸には、一面に白いバラが敷き詰められていました。ただ中央の一輪だけは赤いバラだったのです。

あまりにもリアルな夢だったので、サミュエルはベッドから起き上がります。そして現実ではないことを確かめるために、わざわざ階下に降りていきました。しかし、客間は真っ暗で静まり返り、弟の死体もバラの香りもまったくしませんでした。「夢だ、よかった」と彼は胸をなでおろしました。

翌朝船に戻ると、弟は元気な姿でサミュエルを待っていました。彼はただの夢だったのだと確信、もう夢のことは忘れようとしました。ところが何の運命か、ふたりは再び離れ離れになります。蒸気船の船長が、一日遅れで後を追ってくる僚船《りようせん》にサミュエルを手伝いとして移乗させたのです。

その3日後、弟ののっていた蒸気船がメンフィスの南を航行中にボイラー爆発事故を起こします。死傷者は150人を超す大惨事です。知らせを聞いたサミュエルは、すぐに自分の船を降りて、陸路メンフィスに駆けつけます。弟は多くの負傷者とともに病院に担ぎ込まれていましたが、その晩、自分の目の前で亡くなりました。

翌朝サミュエルは、埋葬を待つ遺体が安置された部屋に、放心状態のまま降りていきました。するとそこには、ヘンリーの遺体が2脚の椅子の上に置かれた棺の中に置かれていました。夢で見た情景にそっくりでした。

サミュエルが愕然《がくぜん》として立ち尽くしていると、看護師が棺の傍《かたわ》らにきて花束をそっと棺の中に入れました。彼が棺の中をのぞくと、ヘンリーの胸のところに中央に一輪だけ赤いバラを配した白バラの花束があったのです。

なんともすごい予知夢です。未来に体験する光景と事前につながってしまったわけですから、現在と未来のサミュエルの心が時空を超えて「共鳴」現象を起こしたとしか説明のしようがないわけです。

このほかの例としては、予定した列車や飛行機にのろうとしたら、心の中でだれかが「のるな」と呼び止めたのでのらなかったおかげで、大事故に遭遇することを免れたなどのケースがあります。タイタニック号沈没の際も、事故が起こる前に予知的な夢を見たという人がいます。

また、タイタニック号沈没事故が起こる前に、「絶対に沈まない」とされる豪華客船が氷山に衝突して沈没、備え付けの救命ボートの数が足りずに多くの犠牲者が出るというストーリーの小説が書かれたりしたケースがあったことが知られています。

過去や未来の自分と共鳴

このように「共鳴」は時空を超えて起きるのです。心は過去の心とも未来の心とも「共鳴」することができます。

外国にいって、その国が初めての訪問だったにもかかわらず、なぜか非常に懐かしく感じることがあります。これも「共鳴」が深くかかわっています。過去生で過ごした場所にいくと、「過去生の自分」と共鳴しやすくなるからです。つまり同じ場所で、「過去の自分」と「今の自分」が共鳴をし始めるのです。

アメリカ映画『いつかどこかで』（1980年）では、クリストファー・リーブ扮する主人公が過去にいくために、戻りたい時代の服やコインなどを身に着けてタイムトラベルしますが、実際にそんなことができるかは別にして、過去生の時代で着たのと同じ服を着ると、過去と共鳴しやすくなります。

ウディ・アレン監督の映画『ミッドナイト・イン・パリ』（2011年）では、ものを書くという心が共鳴して、主人公のハリウッドの脚本家は、ヘミングウェイやピカソやフィッツジェラルドといった名だたる作家や芸術家が集まる1920年代のパリへとタイムスリップします。私の知人には、過去生で暮らしたことのある外国にいくたびに、その地で「過去生の自分」と共鳴して、当時の様子を思い出すことができる人がいます。別の知人には、強烈なフラッシュバックのような現象を伴って、過去ではなく「未来の自分」と共鳴することがよくあると話す人もいます。

三つ子の魂百までといいますが、過去生の自分も、未来生の自分も、本質的には同じ「霊（直霊）」であり、よほどのことがない限り、心の性質は大きくは変わらないはずです。同質のものは共鳴します。ですから、過去の自分や未来の自分と共鳴することはそれほど難しいことではないのです。

その未来の自分と共鳴することがあるといっている知人は、30代半ばを過ぎて、そういうフラッシュバック的な現象が起こらなくなったので、「ああ、私の未来は終わった」と落胆していたのですが、最近になって「直感や閃《ひらめ》きは未来の自分の声である」という言葉が降りてきたそうです。

つまり派手なフラッシュバック的な現象がなくなったからといって、その人の未来が終わったわけではなくて、おそらく30代半ばになるまでに、「未来の自分」の心に近づいたので、それほど驚かなくなっただけだったのかもしれません。もうほとんど一体化しているのです。だからあえて「直感や閃きは未来の自分の声である」という閃きがきたのではないでしょうか。直感や閃きがあるということは、未来もあるということになるわけです。ちなみにその知人は、「未来の自分と共鳴すれば、未来のことがわかる」という閃きも降りてきたそうです。

実際、『女の一生』などの小説で知られる19世紀のフランスの文豪モーパッサン（1850〜1893）はある夜、部屋に入ってきたもうひとりの自分に出会い、その「自分」から当時書いていた小説の続きを聞いて作品を仕上げたという逸話が伝わっています。

ドイツの詩人兼作家であるゲーテ（1749〜1832）は、ある田舎道を馬にのって進んでいるときに、向こうから馬にのってやってくる自分と瓜《うり》ふたつの男とすれ違ったといいます。しかも向こうは、見たこともないような変な服を着ていました。すれ違った直後、振り向くとその馬にのった男の姿は消えていました。

ところが、8年後、そのときすれ違った男と同じ服装をした自分が、同じ田舎道を馬にのって8年前とは反対の方向に進んでいる自分に気づき、仰天したと書いています。8年前にそれまで見たこともない変な服を着た男は、8年後の自分であったわけです。これも未来の自分と共鳴したことにより見た映像だといえるでしょう。

大事にしたモノは戻ってくる

しかしながら、この「共鳴現象」で一番面白いところは、時空を超越することもさることながら、人の心とモノの心のあいだでも確実に起きていることです。

石などのモノと人間の心が共鳴すると、石に人間の念が宿りやすくなります。序章で取り上げた中国奥地の仙人と杖の関係も同じです。最初に心同士が共鳴すると、お互いにそれぞれの性質を増幅させるような現象が起こります。場合によっては、増幅された杖の心が強大になって妖怪化すると、今まで利用してきた側の人間が逆に妖怪化した杖に取り込まれるような現象も起きてしまいます。だからその前に、仙人は杖を折ってしまうわけです。

人間だけでなく、モノも心と心が合体することによって、より強固な心になることがあるのです。元素と別の元素がくっついて、より大きな、強い物質に変わっていくのと同じです。そう考えたときに、私たちもまた、細胞ひとつひとつの心の集合体であることがわかってくるのです。

『スーパーネイチャー』『生命潮流』などの著作で知られるアフリカ生まれの生命科学者ライアル・ワトソン（1939〜2008）の『シークレット・ライフ』（筑摩書房刊）には、人とモノの心が共鳴し合う不思議な現象が多数紹介されています。そのいくつかをご紹介しましょう。

《ケース1》

ノルウェー・オスロのフィヨルドで、15歳のロバート・ヨハンセンは1979年の夏休み、毎日釣果《ちょうか》の上がらない釣りをして過ごしていた。ある夕方、少年はようやく4キログラム半もあるタラの大物を釣り上げ、鼻高々となってラルクローレンに住む祖母に進呈した。

祖母が喜んで、夕食の用意に取りかかり、タラをさばいたところ、なんと魚の腹から高価なダイヤモンドの指輪が転がり落ちてきた。しかも、その指輪は彼女が3年前にフィヨルドで水泳中になくしてしまった、代々受け継がれてきた家宝だった。

《ケース2》

英国モンマスシャー州のニューポートの港長は、新婚旅行でデボンシャー州のドーリッシュへ花嫁を連れていった。旅行自体はすばらしかったが、彼女はそこで大事にしていた金のブレスレットを海で泳いでいるときになくしてしまった。だが、28年後、ふたりで思い出の地を再訪してデッキチェアにすわって潮が引いていくのを眺めていたら、波打ち際に何か金色に光るモノを見つける。ふたりで調べると、なんとそこには28年前になくしたブレスレットがあった。

《ケース3》

米国ヴァージニア州のニューポート・ニューズに住むジョン・クロスは1980年、海で指輪をなくしてしまった。2年後、そこから200キロほど離れたシャーロッツヴィル市内の行きつけのレストランで、彼が注文した魚料理の中から、なくした指輪が見つかった。

この3つのケースはいずれも、自分が大事にしていたモノをなくしたところ、あり得ないような奇跡的な確率で再び自分のところに戻ってきたという型（パターン）があります。

どうして、このあり得ないような不思議なことが起こるのでしょうか。

それについて著者であるワトソンは「当の物が大事にされていればいるほど、この種の偶然が集中する」「私たちが（その物に）価値を見いだすだけで、その物自体にも、その物の外界とのかかわり方にも、微妙ながら重要な影響を及ぼすのである」と書いています。

量子のようにもつれ合う「心」

おそらくモノの心と人間の心のあいだで出来上がる「親密な関係」を、曲がりなりにも最も的確に表現している科学用語があるとすると、それは「量子のもつれ合い」とか「量子の絡み合い」と呼ばれている現象です。

英語でエンタングルメント（entanglement）と称されるこの科学用語は、量子力学の専門用語で、量子の世界では、粒子の状態は他粒子との相互作用で決まり、個々には指定できないという性質のことを意味します。

簡単にいうと、絡み合っている粒子同士はどちらかが宇宙の果てに離されたとしても、一方の状態が決まれば、他方の状態も決まるという時間（光の速度）と空間（距離）を超えた現象が起こると考えるわけです。

このような現象が局所的ではなく非局所的に起こるのならば、超常現象のような事象は至るところで起こりうることになります。

たとえば、人間とモノのあいだに量子的な絡み合いがあったとすると、時空を超えて響き合ったり引き寄せ合ったりしていても不思議ではなくなります。一度絡み合うと、何度でも絡み合うようになることも起きるわけです。

ではどうやったら、モノと人間が絡み合うことができるのでしょうか。

その問いに対する答えは、ワトソンが示唆しています。「大事にすればするほどこの種の偶然が集中」して発生するからです。

《ケース1》をこれに当てはめてみましょう。先祖代々受け継がれてきたダイヤモンドの指輪は、祖母の心と量子的に絡み合っていたに違いありません。ですから、離れ離れになったとしても、「大事にしたい」という祖母の「心」と、「大事にされたい」という指輪の「心」は、お互いに逆方向に回転する双子の粒子の「スピン」と同じで、お互いになくてはならない「絡み合い」の関係が続いていたわけです。

お互いに近づきたいという「心」があったに違いありません。同質のものは引き寄せ合うという宇宙の法則と同様に、一度「心」同士がつながると、引き寄せ合います。ですから、3年の月日が流れましたが、「偶然」というあらゆるチャンスを利用して、巡り合ったのではないでしょうか。そうとしか考えられません。

モノを慈《いつく》しむと再び巡り合える

私にも同じような経験があります。

私は骨董業も営んでいるのですが、一度売った骨董品が何度も戻ってくるという体験をしています。ある木彫りの恵比須像が4、5回私のところに戻ってきたことがあります。それも30年近く前に東京で売り、それを買った人がその後手離し、私がたまたま訪れた仙台の骨董品店で、最初に買ったのと同じ値段で、買い戻したことがありました。それをまた、東京で別の人に売りました。すると今度は、埼玉の骨董市で、売った値段よりも安い値段で戻ってきました。江戸時代末期の木彫りの恵比須様で、まったく同じものです。

その後も売ったり買い戻したりで、東京でさらに2回戻ってきています。利ざやがあるときもありますが、だいたいトントンの収支。損はしていません。昨年は5回目で、恵比須像を売って、今はどこかにいっていますが、またいつか戻ってくるのかもしれません。

本でも、似た経験があります。3年ほど前、吉祥寺の古書店のワゴンセールで『心の医学』という本を100円で購入したところ、それは私が学生時代に、当時暮らしていた静岡県藤枝市の駅の近くの古本屋で一度私が購入、その後手離して売り払った本だったということもありました。どうしてそれがわかるかというと、私が当時記した赤線などの書き込みがしてあったからです。私が売った本が約45年ぶりに戻ってきたことになります。当時、手離したものの、また読み返したいとちょうど考えていたところでした。

慣れ親しんだモノと、時空を超えて再会した経験もあります。

それは、静岡県の実家近くに開店した喫茶店の「豆本館」での出来事でした。当時としてはちょっと珍しく、コーヒーショップの中で豆本を集めて展示していました。

私が信楽焼《しがらきやき》のカップでコーヒーを飲んでいると、突然、心の中に小さな風景が浮かんできました。はじめは小さなモヤモヤとした雲の切れ間のような窓でしたが、その輪郭《りんかく》は次第にはっきりしてきました。

なんだろうと思ってさらに目を凝らすと、その風景の中に自分と同じ顔をした男がいることに気づきます。男は髪がボサボサで継ぎはぎだらけの服を着ており、その男の背景には江戸時代らしき風景も見えました。

近くには藁葺《わらぶ》き屋根の家もあり、かまどからは煙が立っています。すると土の匂いと一緒に、かまどで炊いているコメの香りが漂ってきました。

男は刃の欠けたボロボロの鍬《くわ》で土を耕しています。そして、あぜ道に腰掛け、とても楽しそうに畑の土を一握りすると、その手を太陽にかざしながら、「いい土だな」といって、うれしそうに微笑んでいます。

するとその瞬間、本体である自分の意識が、喫茶店でコーヒーを飲んでいる自分と、意識の映像の中の自分とを、いったりきたりする、非常に不思議な体験をしました。

そして、我に返った瞬間、「これは自分の前世に違いない」という直感が湧いてきました。と同時に、自分が喜んで握っていた畑の土は、自分と一緒にくっついて循環して再生し、今世では信楽焼のカップとなって再会したのだということが、はっきりとわかったのです。理屈を抜きにして非常に直感的に、それも明確に状況が理解できたのです。

つまり、私がかつて前世で、土に対して慈しみ、大事にした心は、「大事にしてくれてうれしい」という「土の心」と量子的なもつれ合いを形成したと考えられます。その絡み合いの結果が、輪廻《りんね》転生を続けながら巡り巡って、形を変えて信楽焼のカップとなった土との再会として結実したのではないでしょうか。

侮れない「モノの祟り」

しかしながら、モノと人間とのあいだの「心の共鳴」ともいえる「絡み合い」は、いつも感動的な再会で終わるというわけでもありません。ライアル・ワトソンの『シークレット・ライフ』には、次のような恐ろしいケースも紹介されていました。

《ケース4》

航空会社の副社長ラルフ・ロファートは1977年の夏、家族を連れてハワイの休暇を楽しんだ。一家がハワイ島の火山公園を訪れた際、4人の子供たちはお土産としてマウナ＝ロア山の溶岩に覆われた斜面から石ころを拾って、自宅があるニューヨーク州バッファローに持ち帰った。

すると、子供たちに、骨折や脱臼、急性盲腸炎、2本の歯を折るなどの災難が相次いで起こった。そのとき母親は、ハワイ島で火山に宿る女神の逆鱗《げきりん》に触れるから山の石を持ち帰るなと現地の古老にいわれたのを思い出し、持ち帰った石を郵送して現地の友人に送り、山に返すように頼んだ。

それ以降、下の3人は事故に遭わなくなったが、長男のマークだけはその後もケガに悩まされた。両親に問い詰められたマークは、実はまだ石を3個部屋に隠し持っていることを白状。それらの石を再び郵送して山に返すと災難はなくなった。

《ケース5》

米国ジョージア州オーガスタ市の中心には、かつてその上で奴隷が鞭《むち》打たれたといわれる大きな岩がある。奴隷制廃止後の19世紀後半に襲ったハリケーンによって倒壊したこともあり、その旧奴隷市場をしのばせる遺構を別の場所に記念碑として移すことにした。

ところが、それを移動しようとしたふたりの作業員は、その日のうちに原因不明の中毒にかかって死亡。翌日、仕事を引き継いだふたりのうち、ひとりは倒れてきた石の下敷きとなって圧死し、相棒も心臓発作を起こして亡くなった。

みな怖がって仕事を引き受けなくなったので、工事長みずから移動に取りかかったが、作業中に現場が洪水に見舞われ、3人が溺死《できし》した。工事長も肺炎にかかって、1～2週間後に息を引き取った。

20世紀になって、再び石の移動計画が持ち上がった。しかし最初に手をつけたふたりの作業員は落雷に遭ってあえない最期を遂げた。しばらく後に、町にきた行商人が石にじかにもたせかけて店を張ったところ、1週間程度で帰らぬ人となった。1940年代には、車が石に突っ込む事故で4人が死亡。1951年になって石の移動を請け負った業者は、仕事にかかる前に階段から転げ落ち、亡くなった。以後、1991年に至るまでだれも石を移動しようと試みた者はいない。

「石の祟《たた》り」の正体

いずれも石が絡む奇々怪々な事象ですが、日本でも木を切り倒したり石を取り除いたり破壊したりすることによって同じような祟りを受けたという話が数多くあります。ですから、「石の祟り」や「木の祟り」というのは実際かつ普遍的に存在するのです。

私もそれに近い経験をしたことがあります。あるところで、どこかで亡くなった年老いた獣の牙《きば》を買ったことがあります。それはとても力が強い動物の牙だったのだと思います。それを手に入れて以来、手にした瞬間に躓《つまず》いたり、車が私の真横に飛び込んできたり、非常に危ない目に遭うようになりました。この牙のせいで、レストランでたまたま横に座っていた人と大喧嘩をしたこともあります。

その牙の心と触れ合ってみると、その牙が暴れていることがすぐにわかりました。その牙の持ち主である年老いた獣は、いろいろな動物にも狙われるし、それまでたくさんの動物を食べるために殺してきたという業《ごう》もあるわけです。びくびくしながら生きていた情景が浮かんできました。おそらくその気持ちを私に伝えたかったのです。

私がそのことを理解してあげると、牙は鎮まり、「ここにずっといたい」といって、私のところに居座るようになりました。今は自分の部屋に吊《つる》してあります。

つまり「モノの心」と触れ合うこともせずに、ただ興味本位や気まぐれ、あるいはぞんざいな気持ちでモノを所有したりすると、モノの心のしっぺ返しを受けるのです。それは、ワトソンが提示した次のケースからもわかります。

《ケース6》

アメリカの人類学者カーク・ハフマンは1984年、南太平洋のヴァヌアツ群島の離島のひとつで儀式用の石を一式購入した。地元の祭司・呪術師に使われていたとの触れ込みだった。

彼はそれを自分が勤めるヴァヌアツ共和国の首都ポートヴィラの博物館に持ち帰り、机の引き出しに入れて、それきり忘れてしまった。

それからの3か月間、ハフマンは眠気とだるさと無気力感がつねにつきまとうようになり、仕事がほとんど手につかなくなった。病院で検査してもらっても異常は見当たらない。思い余ったハフマンは、地元で一種の心霊治療をおこなうヒーラーに助けを求めた。

ヒーラーはハフマンをひと目見るなり、石のことは一切話していなかったにもかかわらず、博物館の机の中にしまってある石が原因だと指摘し、「石の力を消してあげよう」といって、ハフマンが勤める博物館までできた。ヒーラーは、持参してきた別の石や「神聖な葉」で、引き出しの3つの石を、コツコツと叩いたり撫《な》でたりして引き揚げていった。

ハフマンはそれですっかり治ってしまった。「翌日には仕事に戻って気分も爽快だった」と彼はいう。彼はそれ以来ずっと元気で、病院の医師たちもわけがわからず、困惑したという。

石にはこのように、もともと人間に影響を与える強い力が宿っているのです。それらは彼らの心の表現をする力でもあります。《ケース6》や私が持っている獣の牙のように、その表現する心を理解していない人が持つと暴れるし、理解してくれる人が現れると鎮まります。

石の心が暴れると、人間にも多大な影響を及ぼします。人間の心も石に共鳴するように暴れ出すわけです。より大胆に、冒険的になり、無茶をするようになります。無謀ともいえる行為に走ることもあります。

すると当然、けがをしたり、骨折をしたり、歯が折れたりするような事態に陥ることになります。獣の牙を持った私が、レストランで口喧嘩をしたのもそのためです。

そうした念や力がほとんど籠《こ》もっていないモノもありますが、呪術師が使っていた石やハワイ島の石には強く主張する心が宿っていたわけです。その心に触れてわかってあげないと、石がふてくされたり、むくれたりしてしまうのです。だから、どのようなモノでもぞんざいに扱わないほうがいいのです。それは昔の人のほうがよくわかっていましたから、民間伝承として今でも残っているわけです。

その呪術性を知っていた日本人は、今でも木を切るときも、岩を取り除くときも、感謝の念をささげて鎮魂や供養、清めの儀式を実施したり、その土地の神を崇《あが》めて地鎮祭をおこなったりします。

モノの心をおろそかにすると、いつか積もり積もった「おろそかにされたという怨念」のような心の状態がモノの心にたまっていきます。それが人間の心に巣食う「うしろめたさ」と共鳴すると、大変な災難をもたらすことがあるのです。機械に心があるはずがないなどと決めつけて大事に扱わないと、いつか機械の逆襲を受けるというSF映画のような設定は、まんざらうそではないのです。

とはいうものの、モノの心をそれほど恐れる必要もありません。要するに、ヴァヌアツのヒーラーが「悪い石」を、別の石と「聖なる葉」で清めたように、問題の石と心のやり取りをきちんとおこなえば、「祟られること」はないのです。

宇宙や大地と共鳴する装置としての巨石

祟りのような現象がある一方、古代人は巨石がもたらす非常に大きな恩恵にも気づいていました。ある形に巨石を並べると、大地のエネルギーが増幅することを知っていたのです。それが世界各地にあるストーンサークルやピラミッドであり、あるいは整列列石《れっせき》や立石、石室付き墳墓《ふんぼ》といった巨石遺構です。

環状に石を並べたり、直線や平行線上に列石をつくったりするのには、ちゃんと意味があるのです。大地や宇宙に流れる「気」を誘導したり、招き入れたりする構造を持っているからです。ライアル・ワトソンもそのことに気がついていて、『シークレット・ライフ』の中で「ある種の石にはエネルギーを蓄えたり放ったりする力があるようなのだ」としたうえで、次のように述べています。

……心を惹き、ある記憶を呼びさましたりその余韻を残している石はひとつひとつが神聖とみなされるだけでなく、そういう石がいくつか組み合わされたり配置されると、その場所に強い電気をもたせることにもなる。古代からの立石や整列列石（アラインメント）、環状列石（ストーンサークル）、積み石（ケルン）、石塚は、地球という身体のツボを示す経路図でもあるかのように、古代の大地に配置されていた。どれもかつては巡礼や信仰の焦点となっていた場所で、そこで営まれた儀式の歴史が石に残留し、何も知らないでおとずれる現代人にさえ何か特別な感慨をいだかせる。

ワトソンがいっているように、古代人は地球規模で流れる大地や宇宙の気のツボに巨石建造物を置いたのです。そしてその「巡礼や信仰の焦点」であるツボこそ、今日ではパワースポットとしてよく知られる聖地や「ご利益のある場所」であるわけです。

しかしながら、石と同様に重要なのは、サークル（円）や三角形、直線といった形なのです。

古代人は形にさまざまな「心」を感じて、それを表現してつくったのがサークルや正方形、そしてピラミッドのような三角形であったわけです。

このあと7章でもくわしく書きますが、実はモノに心があるように、形や数字にも「心」が宿ります。

たとえば、3という数字ですが、3が代表する三角形という形には、安定をもたらそうとする意志が働くのです。3回机を叩いたり、3回柏手《かしわで》を打ったりすることによって、寄ってくる「心」や突然現れる「心」が存在するのです。3や三角形は、易経でも感情や情熱など燃えるような心を代表するシンボルであるととらえられています。

一方、宇宙や天の「心」はサークルで表されます。丸を描くことによって、宇宙の心と共鳴させるわけです。ストーンサークルは「宇宙からの気」とも呼べるエネルギーを呼び込む共鳴装置なのです。

同様に正方形は大地を表す形で、大地の心と共鳴する形でもあります。大地のエネルギーを呼び込む共鳴装置として使われます。建物に支柱として使われる円柱や長方形は、人間関係を表す形です。人間関係を強めるために、そうした形が利用されるのです。

日本の前方後円墳はまさに、天（円）と人（長方形）を結ぶ形が、大地（正方形）の中につくられたことを示しているように思います。天地人の心を結ぶ共鳴装置でもあるわけです。

「一」の字の中に運命を見る

先述したように、素粒子にすら心が宿っているはずですから、この宇宙で数や形、色、香り、音、模様のすべてに「心」が宿っていたとしてもおかしくないわけです。古代人は万物の心と共鳴を起こすために、形をつくり、模様を刻み、大地に記号やシンボルを刻み込んだのです。別の言い方をすると、たとえばある形があると、そこに共鳴する素粒子なり電子なり原子などが集まってくるのではないでしょうか。一種の「類は友を呼ぶ」という法則が働くわけです。

この法則を使えば、いろいろなことに応用できます。ある人がモノをつくったり形を描いたりしたら、そのときの心の状態に共鳴する性質を持つモノの心が現れてくることになるからです。

面白いのは、文字や数字です。それぞれの数字や文字に心が宿るのですが、そこに書き手の心が加わると、その心が微妙に変化するのです。それがたとえ、「一」という漢数字であっても、人間が介在して書道として書くと、千差万別です。実際、墨色の「一」の字を書かせただけで、その人のすべてを見通す術もあるといいます。

運命学の研究家・尾栄大寛《おおえたいかん》は墨で「一」を書かせて、その人の性格や病気の吉凶、運命が見とおせるとして、『運命判断　墨色一の字秘伝』という本を出版しています。

それによると、その人が書く「一」という字だけで、性格が判断できるだけでなく、縁談や

一字吉凶標準

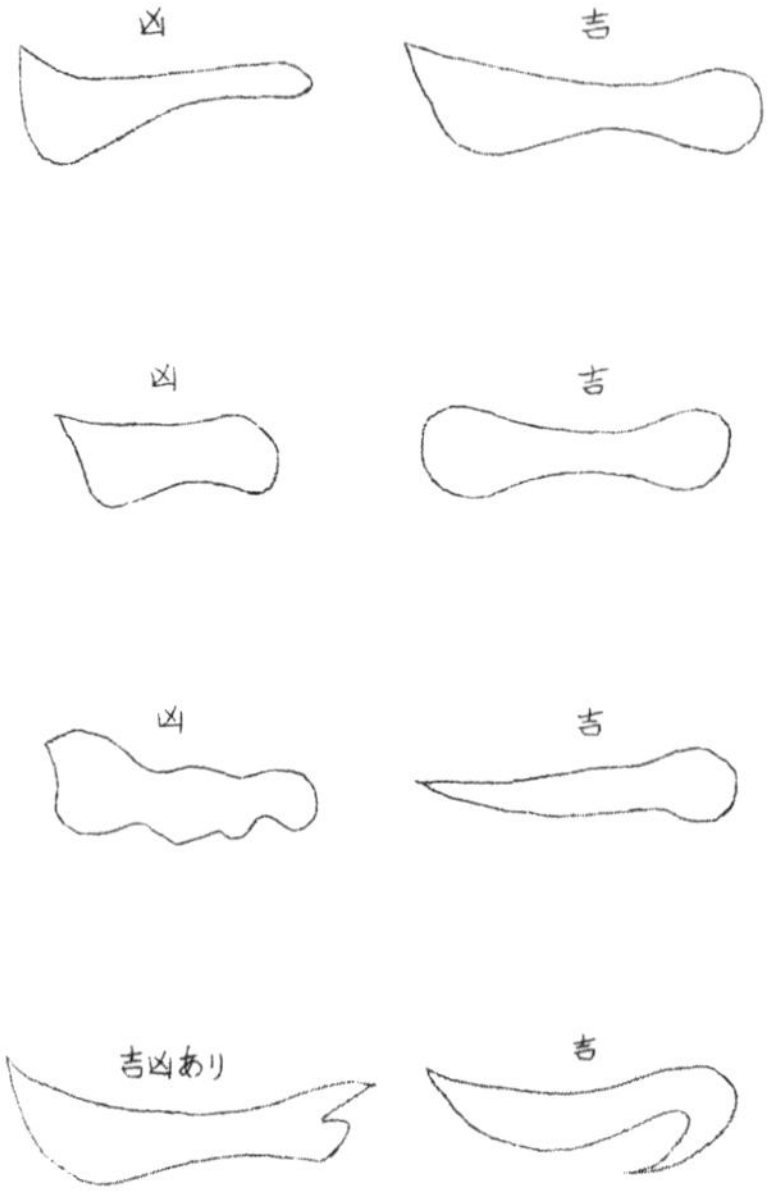

結婚がうまくいくかとか、旅行運がいいかとか、などを占うことが可能だといいます。同書に掲載されている基本的な判断基準となる吉兆の見方を参考までに挙げておきましょう（図「一字吉凶標準」）。

　さらに面白いのは、優秀な観相家になると、墨で滲《にじ》んだ「一」の字の上や、たまたま垂れた墨の汁の上に人の顔や動物、記号やシンボルが見えるようになると書いていることです（図「墨色画像集」）。あるいは点を墨で書かせただけでも、さまざまな吉兆が占えるとしています。漢字や文字の一画一画にも、心が宿るからこそ、そうした占いが可能になるわけです。

「一」はあなどれません。後述する言霊学の大家・小笠原孝次《おがさわらこうじ》は、「一」は宇宙そのものの始原の姿であるともいっています。

　墨で丸「〇」を描かせて、相を観る術もよく使われます。その人が描く丸の形から性格判断ができるだけでなく、円グラフに見立てて、その人の一生の運命の吉兆を表す形とみなします。

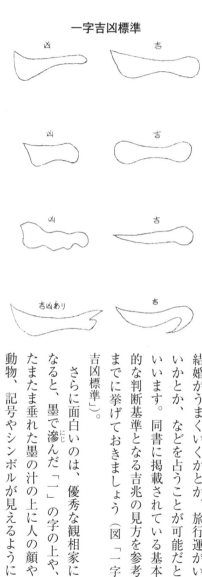

たとえば図「八所外図による判断」のように、丸を虎頭《ことう》、南山《なんざん》、牛尾《ぎゅうび》、西岸《せいがん》、龍気《りっき》、北地《ほくち》、狗《く》門《もん》、東林《とうりん》の8か所に分け、円を描くときに、その人がどこから描きはじめるかを見て、その人の運勢を占うのです。

書道は、まさに字に宿った心を見る技術でもあったわけです。

こうした心と心を共鳴させる占いは、易経も同じです。易経は万物の流れが自分の周りでどのように動いているかを、八卦の形の組み合わせと共鳴させて六十四卦を得る占いだからです。

「当たるも八卦」などといわれるように、単なる偶然だと思われるかもしれませんが、占う人の

墨色画像集

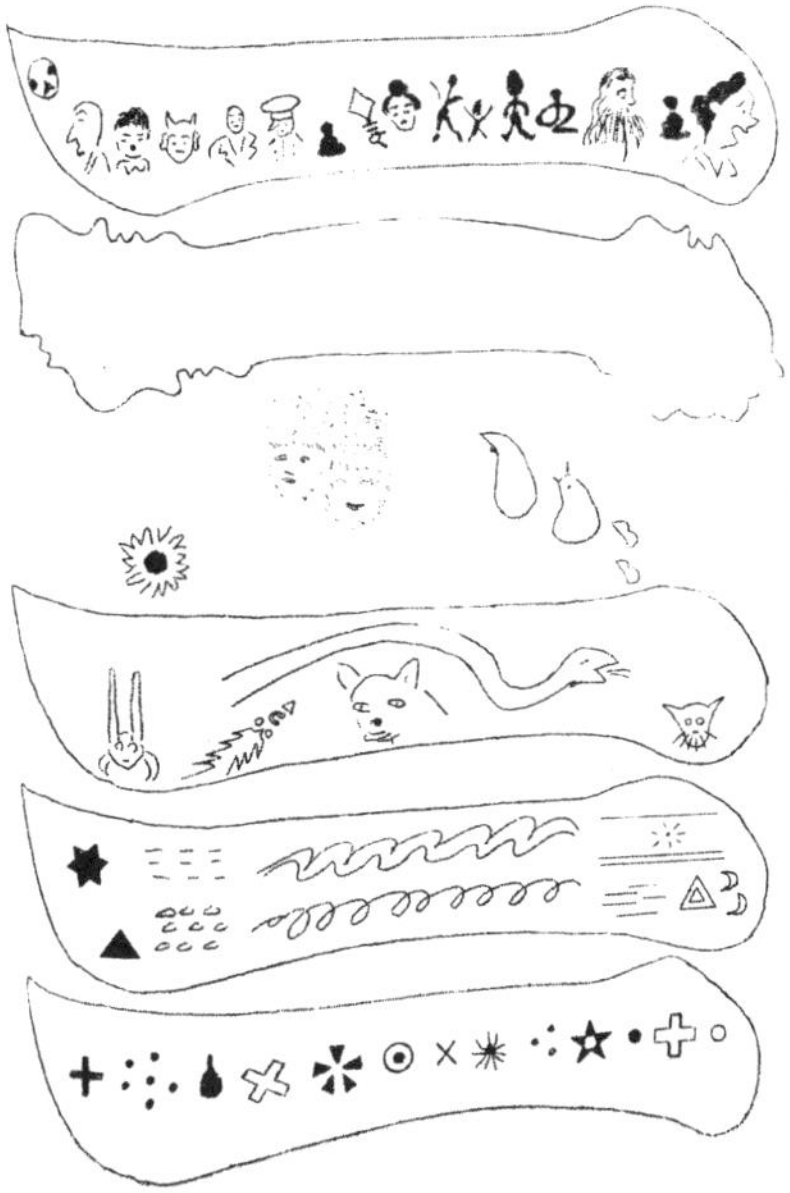

八所外図による判断

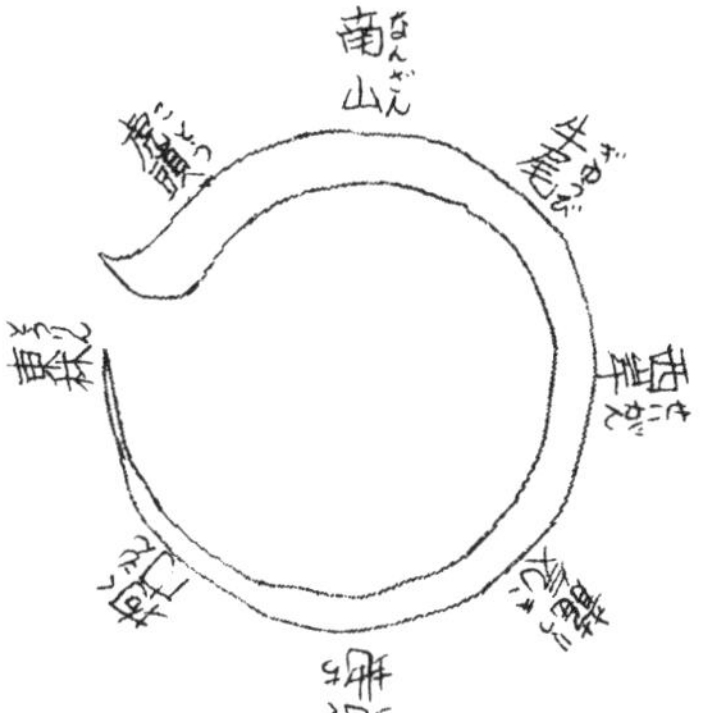

心と万物の心を共鳴させて、そこに形を出現させる呪術でもあるのです。

万物は共鳴するということを知っていれば、それは成し遂げられます。運命や偶然すらも、実は大宇宙の心である神が創造した現象であることがわかってきます。アインシュタインの言葉をもじれば、神はサイコロを振るのです。

モノの心を読むサイコメトリー

このように時空を超越して心と心が共鳴する現象を利用して、モノに付着した心を読み取る超能力的なテクニックを持っている人もいます。サイコメトリーという能力のことで、そのモノが記録・保持している残留思念と呼ばれる情報を読み取ることができます。モノが宿している「心」と自分がつながることによって、過去の情報が生き生きとよみがえってくるのです。

この能力を持った人で有名なのは、ポーランド人のステファノ・オソヴィエツキーでしょうか。彼は考古学者らに頼まれてフランスの石器時代に一時代を形成したマグダレニアン人の石器を手にしたところ、とても手の込んだ髪型をしている女性の映像が見えてきたと語りました。当時は「まさか、そんなはずはない」とみられていましたが、のちにマグダレニアン人の女性の彫像が見つかり、それが正しかったことが証明されました。ほかにも、まったく石器の情報を知らされていないにもかかわらず、その石器が使用されていた年代、発見場所、その文化の有様などを次々に正確に描写したとされています。

カナダ考古学会のノーマン・エマーソン副会長も、サイコメトリーを積極的に活用したひとりです。最初は懐疑的だったエマーソンは、その能力を持つというトラック運転手ジョージ・マクマレンがモノや遺跡を眺めるだけでそれらの過去をいい当てるのを見て、翻意《ほんい》。彼の力を使って、実際にイロクォイ族が共同生活を送っていた場所を発見することができたといいます。

考古学者クラレンス・ワイアントも、サイコメトリーの能力を持つ人の援助でオルメカ文明の重要な遺跡トレス・サポテスを発見できたと述べています。そのほかにも、オランダの能力者ジェラルド・クロワゼが小さな骨の一片から、その骨の主や亡くなった背景などを的確に描写するなど多くのケースが報告されています。

私がコーヒーカップを手にしたときに、土地を耕《たがや》していた過去生の自分の映像が浮かんできたのも、このサイコメトリーといえます。モノと心をかよわせさえすれば、モノは私に関係のある情報を伝えてこようとします。モノの心に人間の心の一部が宿っているからです。先述したように、素粒子レベル、あるいは分子レベルでは万物の心はみなつながっているのです。

万物は心でつながっている

超心理学者ディーン・ラディンは『量子の宇宙でからみあう心たち』(徳間書店刊)の中で次のように語っています。

万物が相互につながった全体であるというのは新しい考えではない。数千年もの昔から東洋哲学の根本概念のひとつとなっているからである。西洋科学が、「古代伝承の一部はどうも正しいのでは」とじょじょに気づきはじめたことこそが、新しい動きなのである。（中略）……私たちは、慎重に証拠を調べて超心理現象が実在するか否かを判定せねばならない。その結果が肯定的ならば、心とモノの関連性についての昔ながらの想定は棄却され、新たな仮説が必要となるのである。

日本人はかつて、万物がつながっていることを知っていました。生き物も、無生物であるモノも、すべてを敬い、大切にするという心を持っていたはずです。それを思い出せばいいだけです。

6章

あなたと共鳴する幸運アイテムの見つけ方

自分に合った石を持つ

癒やしの効果がある石

万物の心と共鳴して、幸運を引き寄せる方法があります。その具体的な方法をこの章では取り上げていきましょう。第一にするべきことは、モノの心、すなわちモノの立場に立って彼らが何を表現したがっているのかを知ることです。

日本人は、絵を描く心得のあることを「絵心がある」などといい表しますが、まさに絵の心を理解する感性を養うことが「心得る」ということなのです。日本人の言葉には、すでに万物に心があり、その情趣《じょうしゅ》を理解するということの重要性が盛り込まれているのです。

万物の心を理解するうえで、重要な要素に「時間の感覚」があります。人間が感じる時間の長さは、年齢によって違います。そういうと、首を傾《かし》げる方もおられるかもしれません。でも、実際そうなのです。

5歳や6歳の子供が感じている1日の長さは、私たち大人が感じる1か月の長さと同じだといいます。これが10代になると、大人の1か月が1週間になります。そういう意味では、子供は大人に比べて、まことに贅沢《ぜいたく》な時を過ごしているわけです。確かに私自身思い出しても、幼いころは1日がとても長く感じたような気がします。

私たち大人はいろいろな物事を考えるとき、ほぼ1か月単位で物事を考えるようになり、やがて5年単位、10年単位と延びていきます。

このように、人間は年齢によって感じる時間の長さが違う、というのが私の考えです。同様に、人間とほかの「モノ」とでは、時間の長さがまったく異なるのです。一般にアンティークといわれる骨董品となると、100年がひとつの単位といわれます。つまり100年を経過したものでないと、それはただのリサイクル品でしかありません。

歴史のうえで今から100年くらい前というと、大正時代の末期か昭和の初期に当たります。もちろん戦後すぐつくられたビニール人形も、半世紀ほど前のウルトラマン人形も、広い意味ではアンティークです。しかし私から見れば、100年の単位で考えるのがアンティークの世界なのです。

石の世界になると、もっと長くなって、これはもう「万年」単位で考えます。たとえば、小さな水晶の柱ひとつをとっても、一本が成長するのに万が付くほどの年の経過を必要とします。私たち人間にとっては、気が遠くなるほどのはるかな時の流れの中で、石たちは限りなくゆったりと育ち、また長い時をかけて滅んでいきます。そのような石たちに触れるということは、私たちにとってこのうえない癒やしの効果があります。

石たちの心が持つ「ゆったりとした時間」――。それに比べて現代人である私たちは、あまりに急ぎすぎてはいないでしょうか。宇宙にはロケットや人工衛星が飛び交い、瞬時にして外国とも電話やネット回線で話ができる今、確かに優れた科学技術のおかげで、スピーディーで便利な時代ではあります。

私たちの脳も、時代が進むにしたがって、ものを考えるスピードが速くなっています。同時に話すときの声のトーンが高くなり、口調も早口になる傾向があるのだそうです。それにつれて、早口で語るために邪魔な語音は消えていく運命にあるといわれています。

江戸時代までは、私たち日本人の言葉の中に「うぁ、うぃ、うぅ、うぇ、うぉ（を）、くぁ、くぅ」のような中間音が多く存在していました。これらの言葉をきちんと発音するためには、ゆっくり話さなければなりません。それを時代が許してくれなくなったのです。

現代は、「頭の回転」という言葉が示すとおり、脳の回転が速いほうが、頭がいいと考える価値観が常識のようになっています。

ハイスピードで物事を考える習慣が身についてしまった現代人は、夜にゆっくりと休みたいときにうまくスローダウンできず、その結果として不眠症で悩んだりします。不眠症の人たちは、床《とこ》についてもなかなか寝つくことができずに、1時間も2時間も悶々《もんもん》としていろいろなことを考えてしまうといいます。それがまた疲労へとつながります。

昼間に酷使した頭の回転速度を落として、ゆっくりとした時間の中でまどろむためにも、はるかな時を経てきた石や巨石、さまざまな鉱石や貴石の心に触れて、ゆったりとした時間のイメージを取り戻し、せっかちになった脳を癒やす必要があるのです。

どの石にどんな効果があるか

そのさまざまな鉱石や貴石の中でも、自分に合った石というものが必ずあります。ひとつひとつ試してみるのが一番いい方法ですが、その目安となるそれぞれの石の特性やその効用を紹介していきましょう。

①水晶

合う、合わない、にかかわらず、劇的な変化をもたらすのは、水晶です。

水晶は記憶する石です。わずかな波長でも記憶しやすいという性質を持っています。

私は若いとき、自分とかなり波長の合う水晶をラッキーストーンとして持っていたことがありました。あるとき、失恋したばかりの友人が訪ねてきて、やけ酒がはじまりました。やがて私に向かって「おい秋山。お前が持っている水晶をちょっと見せろ」といいはじめました。仕方なく私は、「いつまでもくだを巻いていないで、少しは水晶の恩恵でも受けてみろ」と彼にいいながら水晶を手渡しました。

友人はしばらく「きれいだな、この石」といいながら、しきりに撫《な》でたり眺めたりしていました。そのうちに振られた恋人を思い出したのか、さめざめと泣き出したのです。

やっと水晶を返してもらったときには、私の水晶はもうラッキーストーンどころではなくなっていました。女性に振られた友人の悲しい思いを水晶が記憶してしまったからです。

それ以来、その失恋を記憶した水晶によって、私にある種の不幸が降りかかるようになったのです。たとえば、水晶を身に着けているときに限って、女性とのトラブルが起きたりするので、さんざんな目に遭いました。

また水晶は、記憶するほかに感情や思いを増幅する石でもあります。「なんとなく今日は仕事をしたくないな」と思いながら、たまたま水晶を持って家を出たとします。すると一日中、「仕事はいやだな」という気持ちにつきまとわれてしまいます。失恋した友人がさめざめと泣き出したのも、水晶効果があったからです。ノイローゼの人などが癒やしの効果を期待して水晶を持ったりすると、場合によっては症状を増幅させて悪くなってしまうこともあり得ます。

このように水晶には記憶・増幅の作用がありますから、身に着けたり部屋に置いたりする場合には、自分がどういう感情で水晶を持っているかを意識して注意しなければなりません。

一番いいのは、自分が楽しいときに水晶を身に着けることです。そうすれば、より楽しくなり、水晶も楽しさを記憶してくれますから、水晶を持つだけで楽しさがよみがえり、元気になることができるわけです。

では、失恋した友人がやってしまったように、自分が持っている水晶におかしな記憶が取り込まれてしまったときにはどうすればいいのでしょうか。

そんなときは、きれいな水に入れておくだけで、一晩で浄化されてきれいな石に戻ります。風通しのいい場所で太陽に当てるのも、いいでしょう。ほかには冷蔵庫で冷やすだけでも浄化作用があります。失恋した友人のせいでラッキーストーンの効力を失った私の水晶は、冷蔵庫に1週間ほど置いていたら元に戻りました。それ以外の浄化法としては、水晶の表面に粗塩《あらじお》を軽くパラパラとかけるだけでも効果があります。あるいは洗剤で洗ったり、そばに卵を置いたり、木の枝で表面を触ったりする方法があります。

水晶を持つなら、加工されていないものが一番強力ですが、ある程度加工されたもののほうが、程よい効果を得られることもあります。加えて一口に水晶といっても、種類は3000種類くらいあるとされています。それぞれ微妙に効力が違いますから、どのような感情を増幅させるのかを確認して、その中で自分に一番合ったと思われる水晶を持っているといいでしょう。

たとえばローズクォーツというピンク色の水晶は、価格は比較的安く、愛情面のプラスの要素を増幅させる力があります。紫水晶のアメジストは、いい品でないと寂しさの面だけが増幅されます。

形でいえば、一番パワーが強いのは球状の水晶です。次に棒状の水晶で両端が尖った切っ先のようになった「ツインヘッド」、そしてほかの成分を吸収していろいろな内包物を含む水晶が強いパワーを持っています。

同じ水晶でも、六角柱や六角錐が集まったような形が有名ですが、それぞれの水晶の内包物も違えば、右回りで成長した水晶、左回りで成長した水晶があるなどさまざまです。右回り、左回りは、ニョキニョキ生えた水晶の塊の中に、だいたい半々の数であります。右回り、左回りの電子と同じで、原初の「心」がそこにも色濃く宿っているのだと考えられます。

②緑柱石《りょくちゅうせき》（ベリル）系

水晶を超える力を持つパワーストーンが緑柱石（ベリル）系です。この中には、パワーストーンの二大双璧とされるエメラルドとアクアマリンがあります。

エメラルドは緑色の石で、体を癒やす作用があり、生命力を喚起する石とされています。神聖ローマ帝国（現在のドイツ）の一地方で生まれ、12世紀に活躍した神秘主義者で『聖ヒルデガルドの医学と自然学』（井村宏次監訳、ビイング・ネット・プレス刊）などの著作があるヒルデガルド・フォン・ビンゲン（1098〜1179）も、エメラルドについて「人間のあらゆる衰えや病に対抗する力を有している」と同著作の中で書いています。

ヒルデガルドは、ベネディクト派の女子修道院長であるとともに、言語学者や詩人、画家、音楽家、劇作家として活躍した非常に卓抜した才能を持った能力者で、啓示を受けながら石や宝石が人間に与える影響を調べてそれを著作として書き残したのです。

彼女が示唆しているように、エメラルドを持っていると、プラス思考になり、考え方や行動が積極的になります。潜在的な能力も目覚めはじめ、自分が今おこなっていることを継続させたいときにも効力を発揮します。

アクアマリンは、その名のとおり青い石で、これを持っていると、現在おこなっていることが、一歩成功へと近づくような現象が起こります。たとえば、周囲の人たちが自分のことを評価するようになったり、他人にいい印象を与えたり、他人に認められたりするようになるのです。普段から他人と衝突しやすい人におすすめの貴石です。ただし、放射線処理されたブルートパーズのように、アクアマリンに着色したものが出回っていますので注意が必要です。

③ルビー

ルビーはコランダム（鋼玉）という種類の石で、ダイヤモンドに次ぐほどの硬さを持っています。内包物の成分によって、赤い色彩が付いている場合はルビー、青の場合にはサファイアとなります。

ルビーの中でも最大のブランドは「ビルマルビー」と呼ばれる石で、血のように鮮やかな赤色が特徴です。赤は易《えき》で見ても、情熱や感情の豊かさを表す色です。ですからこれを持っていると、愛情面でとても情熱的になり、やる気も湧いてくるでしょう。

ビルマルビー以外には、透明度は低いですが、やはり鮮やかな赤色に輝くインドルビー、星のような光が現れる「スタールビー」などがあります。スタールビーはかなり強い力を持っています。

サファイア（蒼玉《そうぎょく》）も強いパワーを持ちますが、力が強くなる分、独立心や自尊心が強くなります。他人と協調する気持ちが薄れるので、取り扱いには注意が必要です。

④ダイヤモンド（金剛石）

ダイヤモンドは不思議な石で、赤い色を吸収してしまうことが知られています。かつては本物のダイヤモンドを鑑定するときに、この特徴を利用しました。白い紙に赤い線を引き、その上に石を置きます。本物のダイヤモンドであれば、透かして見ても、紙の赤い線が見えなくなるわけです。ただし、ダイヤモンドといっても黒、黄、赤などいろいろな色がありますから、一概にこの方法が当てはまるとはいえません。かなり個性があります。

一般的にダイヤモンドを持っていると、潜在的な力が発揮できるようになり、感情も安定して、最高の状態が保たれるという効果を生み出すとされています。しかしながら、身に着けるときの状態をロックする力があるため、プラスの感情を持っているときに着けると、そのいい状態が保持される一方、最悪の状態で着けると、それがいつまでも続くことになりかねません。つまり結婚式や華やかな舞踏会など人生の最高の舞台で着ける宝石であるといえるわけです。

ヒルデガルドは、ダイヤモンドについて「抜群の効能ときわめて強いパワーがあるので、悪意と邪気は無力になる」と『聖ヒルデガルドの医学と自然学』に書いています。

⑤翡翠《ひすい》・瑪瑙《めのう》

古代の勾玉《まがたま》に使われている翡翠は、運気を呼び込むグッズとしては最高峰に位置します。特に人間関係の引き寄せに関していえば、シンクロニシティ的出会いをタイミングよく起こす力を持っています。運が上昇しはじめ、他人との協調の心が生まれるので、金運も上がります。翡翠は縄文時代から装身具として使われていましたから、古代の人々はそのことをよく知っていたと思います。勾玉は古代人の知恵の結晶でもあるのです。

瑪瑙も人間関係が円滑になり、友達が増えるような状態をもたらします。友達ができにくい人にはぴったりの石です。

⑥オパール・トルコ石・琥珀《こはく》

オパールもトルコ石も激しい変化をもたらしますから、注意する必要があります。特にオパールを持っていると、運に波が出てきますから、マイナスに作用することが多いのです。ただし、思いがけない事象が飛び込んでくるという面白さはあります。波乱に満ちた人生を歩みたい人には、ある意味おすすめといえます。

トルコ石も持っていると、気持ちが変わりやすくなります。ですから心をガラッと切り替えたいときにはプラスに働くわけです。いつまでもグズグズと過去にこだわりやすい人は利用するといいでしょう。

ほかに琥珀も要注意です。物事の伸びを止め、こだわりが出やすくなるからです。太古の樹木の樹液が化石化してできたものが琥珀ですが、特に化石や骨が入っているものはマイナスになる傾向があります。昔は念をひとつに集中するときに魔女が活用したとされ、心を定めたいときにはよいかもしれません。

⑦アジュライト・ラピスラズリ

アジュライトもラピスラズリも青い色が共通する非常に霊的な石です。催眠状態で霊視するので「眠れる超能力者」との異名を持ったアメリカの心霊診断家エドガー・ケイシー（1877〜1945）もアジュライトのことを「しゃべる石」と呼んでいたほどですから、対面すると本当によく話しかけてきます。

言い換えると、アジュライトは人の霊感を高める石なのです。「しゃべる石」というのは、石がしゃべり出すのではなくて、霊能力が高まるので、石の心がわかるようになるということなのです。石に込められたいろいろな念や気持ち、石自身が持つ記憶や性質が手に取るようにわかってきます。

ラピスラズリは、和名が瑠璃《るり》で、悪いバイブレーションを非常に短時間でスパッと軽く変える、運気のカンフル注射のような霊的作用があるのです。落ち込みやすい人、悩みの多い人はラピスラズリをたくさん持つといいでしょう。ストレスの多い人はこの石を集中的に持つ必要があります。人がひしめき合う日本のような島国では、ラピスラズリは非常に珍重されてきました。現在においても日本で翡翠とラピスラズリの人気が高いのはそのためだと思われます。

ラピスラズリはまた、約５０００年前に栄えた古代メソポタミアでも貴石として重宝されていました。特にラピスラズリの石板は、神の言葉が記される書板として尊ばれたとされています。人が神の奇跡に戻れる石こそラピスラズリといえるかもしれません。

⑧黒曜石《こくようせき》

霊的な道具になる石としては黒曜石があります。石の鏃《やじり》の原材料として使われたと一般的には考えられていますが、実際は動物の皮を貫くための武具として使われずに、多くの場合、現在の針のように治療道具として使われたように思われます。

鍼灸《しんきゅう》や気功など東洋思想研究家の丸山敏秋《まるやまとしあき》氏が書いた『気 論語からニューサイエンスまで』によると、原初の針は「砭石《へんせき》」と呼ばれる主に黒曜石やチャートなどの細く尖った破片であったといいます。その掲載写真を見ると、どう見ても現在鏃とされている石器です。丸山氏がいうように、針のように深く刺し入れることはできなかったと思いますが、石のパワーを体内に入れる治療道具として鏃を使っていたように感じます。

同じように針の役割を果たしているのが、先に紹介した水晶の中でも、一本柱で両端が尖ったツインヘッドと呼ばれる水晶です。尖った先端部分でちょっと触るだけでも、ピーッとした刺激を感じ、気の流れが変化します。実際に痛いところにちょっと軽く当てると、痛みが変化するのを感じることができるはずです。ぜひ試してみてください。

神様の像を飾る

未来を豊かにする神様の像とは

大黒様や恵比須様といった神様の姿像を使って、自分の未来と共鳴させて、人生を豊かにするという方法があります。

大黒様は、インドの「荒ぶる神」が転化したものだといわれています。しかし、その神は日本の大黒様のように俵の上にのっていたわけではありません。古い大黒様は顔が3つあり、3

つの神が合体した姿だと思われます。真ん中にある本来の顔を挟んで、厳しく怖い男神と優しい女神が左右に配されているのです。

その手に木槌《きづち》を持つようになったのは江戸時代以降です。袋を担ぐようになったのも、時代が新しくなってからです。昔の大黒様は、袋を肩に担がずに体の前に出しており、仏教的な影響を受けて、体も蓮《はす》の花の上にのっているものもあります。

大黒様は「資産を守る」「大切なものを守る」という役割が強いのです。木槌は技術の象徴です。俵に象徴されるコメは単なる食べ物ではなく、貨幣にも相当しますから、貯金や財産を表します。また大黒様は、昔は家の大黒柱の上や厨房《ちゅうぼう》に飾られていたりしました。人生行路難《こうろかた》しという言葉があるように、人生は波あり苦ありです。そのようなときでも、大黒様の微笑みの姿を見れば、きっと元気になるはずです。

こうして現在の大黒様のイメージが出来上がりました。未来の自分の姿を、資産を守る大黒様の姿と共鳴させることによって、資産を増やしていくという呪力が発生するのです。

大黒様とセットになっている恵比須様は、日本神話に出てくる火火出見命《ほほでみのみこと》が原型だという説があります。その音から連想されて「微笑み」、つまり笑顔の神様になったのではないかとされています。恵比須様はよろこびのタイミングを引き寄せます。大切なモノを守る大黒様と、開放的で明るい心を象徴する恵比須様を家に飾っておけば、未来は豊かで明るくなるに違いありません。

大黒様や恵比須様の像のように、時代を超えて長く残るものには、必ず人類の心にとって有意義な何かがあるのです。

「マインドアンティーク」のすすめ

自分と相性のよいアンティークの神様の像を探して飾るのもおすすめです。アンティークをただの使い古しのモノであるなどと侮ってはいけません。人間の心を癒やし運命を好転させる力を持ったアンティークは多く存在します。しかもそれは、扱い方ひとつで変わるのです。私はそれを「マインドアンティーク」と呼んでいます。よい感情で旅先などで出会ったアンティークなどは、よいめぐり合わせが多いものです。

モノを大事にするという風習は、モノの心を味方につけるための、作法のようなものです。味方につけると、運がよくなります。命の運びがスムーズになり、幸せになります。

幸せは、仕事の「仕」を書いて「仕合わせ」とも書きますが、道具などのモノと対話して、どう使えるかを合わせあうことと幸せは関係するのだと思っています。お互いに仕えることによって、その関係は成立します。

もちろん、若いときはなかなかそのようにうまくいきません。それでもパワーストーンや、自分が気に入った絵などを大事にして、少しずつ「仕合わせ」をトレーニングしていくしか方法はないように思います。モノとの対話には決して裏切られません。

たとえば、大黒様の像をどのような台にのせてあげたらよいのか、ボロボロの掛け軸をどう洗いに出して素材を取り換えてあげるかによって、そのものが持つ価値はまったく変わったものになります。とにかく「これだ」と思ったアンティークがあったら、大事に扱って、アンティークを目の前に置いて楽しむことです。

古いモノの中に大切に残されているものの意味をはっきりさせると、再創造につながるのです。自分の過去を正しくとらえると、もっと楽しく、もっと明るくなることができるのです。

過去と未来のイメージは同じになろうとする法則があります。未来のイメージを広げて、明るくするためにも過去のイメージをよくする必要があるのです。そのためにするのが、心の中のアンティークイメージを丁寧に磨き上げていくことなのです。

簡単なたとえを挙げると、「自分はこれまで腕立て伏せは10回しかできなかった」という過去のイメージを強く持っている人は、未来においても20回できる可能性は低くなるのです。

だれもが自分に対するイメージである自己像を持っています。自己像は、過去のイメージを総合して、「今の自分はこれだけ」と決めてしまうことでもあります。

あるテレビ番組で、子供の直感力の育成をテーマにして実験をしたことがあります。その結果、子供が最も簡単に能力が出せるのは、同じような年代で、すでにかなりの能力のある子供と一緒に遊ばせたときでした。能力の優れた子供のすることを見て、「もしかしたら自分にもできるかも」と思うようになり、周りの子供たちもすぐに優れた直感力を発揮するようになりました。

スポーツの世界でも、誰かひとりが長年破れなかった記録を塗り替えると、周りの選手もつられたように好成績を出しはじめ、記録ラッシュとなったりします。子供の直感力と同じで、ひとりはみんなに、みんなはひとりにつられて、信じられないような能力を発揮するという心の特性を万物が持っているのです。

そう考えないと、素粒子から原子や電子が生まれ、物質が生まれ、心の集合体ともいえる生物が誕生するはずもありません。目覚めた能力は、ほかの心も目覚めさせます。次々と共鳴現象を起こして、その影響は心をとおして万物に及びます。

古くてもいいモノをパワーグッズとして持ったり、家に飾ったりするとよいでしょう。長年使われてきたということは、それだけいいモノであるという場合が多いのです。なにもそのアンティークを「神のように崇めろ」などといっているわけではありません。そうしたモノを楽しみのモニュメントとして飾ることに意味があるのです。

骨董のラッキーグッズの見分け方

幸福をもたらすか、それとも不幸のどん底へ突き落とすのか。不思議なのは、幸運を招くモノと不幸を招くモノの両方ともが、それを手にする人間にとってはかなり魅力的に感じられることです。つまり、一目見て魅力を感じる骨董品は、幸運を招くことがある代わりに、とてつもない不幸にがんじがらめにされることもあるということです。

それを見分ける方法をお話ししましょう。

まず、そのモノをだれから手に入れたのかを知ることです。

持っていた人が「いい感じ」を醸《かも》し出しているかどうかは非常に重要なポイントです。骨董店で入手する場合は、店の主人の放つ「気」を感じなければなりません。どこか不幸に引きずり込みそうなモノというのは、それなりに怪しげな骨董店に並べられています。そういうお店は必ずといっていいほど、気味の悪い主人が奥のレジに座っていたりします。

さらにだれの手からだれの手にわたったものであるか、モノの流通経路がわかっているといいでしょう。前に持っていた人が非業《ひごう》の死を遂げていたりしたら、入手するのは絶対にやめましょう。幸せに長生きした人の持っていたモノならおすすめです。たとえば自殺した著名文化人が残したアンティークがあったとして、それがその人物の歴史の中でどのような時期に愛用したものかによって、パワーの質がまったく違ってきます。特に自殺する晩年に使っていたモノであったとしたら、私たちによいパワーを与えるとは思えません。

適切な価格であるかどうかも重要です。「勘定が合わないのは、感情が合わないこと」と私はよくいいますが、法外な価格を払って手に入れる必要などまったくないのです。感情と勘定を合わせるのが何よりも大事なのです。

簡単な鑑定法は、目的のモノを自分の左右の乳首のあいだに当てて、気持ちを集中させます。

人間のこの部位にはモノを見分けるセンサーがだれにでもあります。モノが発している波長があなたにとって合うものであれば、この部位が温かく感じます。悪い波長であれば、冷たい感覚がするはずです。

温かい感じか、何も感じなければ、それは手に入れてもよいモノだと思ってください。もし、冷たい感覚が走ったり、体の関節に悪寒《おかん》が走ったりしたら、どんなに魅力的なものであっても買ってはいけません。

水を使う方法もあります。人間の体の中で、直感力が優秀なのは、味覚です。味覚を直感力と切り離して考えがちですが、味覚は霊感に最も近い感覚です。とても優秀で、自分が飲みなれた地域の水を使えば、そのアンティークと相対した際の自分の中の霊的な変化を読み取ることができるのです。

たとえば、グラスやペットボトルに飲みなれた水を入れておきます。しばらくグラスを手に持ってから、グイッと水を飲み干します。そのときに水をおいしく感じるか、のど越しにいい感覚があるかをチェックするといいのです。もし水がおいしく感じられ、のど越しの感覚もよければ、どれだけ自分の調子がいいかを測ることができます。

水は自分と共鳴する

どうしてそうなるかというと、水が自分と共鳴するからです。神道ではこれを「太占《ふとまに》する」

といいます。太占と占いは違います。太占はモノの意味を測ることで、占いは吉兆を測ります。太占は、自分を整えてから、毎回同じ条件を使って様子を見て、違うものを察知する技術です。

自分と波長が合うモノを見つけるには、とにかく飲みなれた水を使うことです。

コップ（なければペットボトル）に水を入れて、それを手に取り、何か測りたいものを思い浮かべます。あるいは測りたいものに触ります。右手で触りながら左手に水の入ったコップを持ちます。次に水を飲んで、その水の味や飲み心地で対象物の性質などを測るわけです。

よく、「水に転写する」などといって、それを機械で測ろうとする人がいますが、機械に関係する念などのノイズが入ってしまうので、正確に測ることはできません。機械ではなく、自分たちの体を信じてください。体のセンサーは、機械以上に精密な機器です。

ただし、自分の味覚で測る場合には、よくうがいをして、心を鎮めて、5分くらいのんびりしてから、太占をおこなってください。コップの水をキュッと飲んで、それが自分にとって心地よいかとか、飲んだ後、体が楽になるかどうかとか、気持ち悪くならないかとか、変な後味が残らないかとかを感じ取り、対象物の性質や意味を測るのです。

味覚は本当に面白いです。同じものを飲んでも、飲むときの方位によって味は違ってきます。向いた方位の性質が味に溶け込むからです。

ですから、太占で重要なのは、直感を受け入れるために北を向いておこなうことです。そして心を整えます。本来は北に山があるとさらに理想的です。その山の麓《ふもと》で手足を洗い、口をすすいで身を清め、心を落ち着かせてから、自分のセンサーを使うと、最も正確に測れます。自分の一番のセンサーは味覚なのだということを確信しておこなってください。これは、ほとんどどのような人でもわかる感覚です。味覚はそれほど敏感で強い感覚なのです。

一方、味覚以外の感覚は、年齢とともにどんどん緩んでいきます。死ぬ直前まで残るのが味覚なのです。体が弱っていっても、いっさい口にしたくないという人はそう多くはいません。最後まで水を求めます。

物との相性は、これらの方法でだいたい見分けることができますが、中には体内センサーが鈍い人や、たまたまその日は鈍っている人もいるでしょう。そんなときには、そのモノの現在の持ち主（骨董店であれば店主）の顔をじっと見てください。「ああ、この人とは合わないな」と思ったら、買わないほうが無難だといえるでしょう。

同質のものは時空を超えて共鳴

実は普段飲んでいる水で占うというやり方は、決まった日や毎日おこなう儀式や儀礼、習慣を使った占いととても似ています。

すでにお話ししたように、同質のパターン（型）同士は共鳴します。その性質を利用して共鳴現象を意図的につくり出そうとする呪術が、儀式や儀礼、そしてご神事なのです。同じような状況を儀礼や儀式によってつくり出し、その共鳴現象によって過去とつながったり未来とつながったりするわけです。

その儀礼・儀式によって未来の自分と共鳴すれば未来がわかり、過去の自分と共鳴すれば歴史の真実がわかることになります。これがご神事の本質なのです。

たとえば、神道には釜鳴《かまなり》の儀式というものがあります。釜で湯を沸かし、または飯を炊くとき、釜がうなるように鳴るという現象があります。その際、それを何かの前兆と感じ、あるいはその音によって吉凶を占う神事です。決まった日に同じことをして、いつもと違う音が出るかどうか、同じような未来か違った未来かを、未来と共鳴させることによって知る技術です。

実は私も、毎日これに近い占いをしています。朝起きて歯を磨くとき、あるいは靴を履くとき、窓から同じ時間に外を見るとき、いつもと違うことが起きないかを占います。靴紐《ひも》や下駄や草履の鼻緒が切れたら、それは未来の異常な出来事と共鳴した可能性があると考えるわけです。つまり普段と異なることが起こったら、未来からの警告とみなします。

しかし、そのような場合でも、凶事が起こるかもしれないとびくびくする必要はありません。そういうときは、大胆な行動をなるべく控えます。普段よりも言動を注意深くすればよいだけの話です。あなたの身体の中に、あなたにとって最強の力があり、それはモノによって引き出されます。

同質のモノは時空を超えて共鳴するということを覚えていればいいのです。

7章

形と数字が秘める神秘パワーの活かし方

形に秘められた力を借りる

十字に宿る神の心

形や模様などのシンボルにも心が宿りますから、その特性を利用して自分に幸運を呼び込むことも可能です。

日本でも古くから十字など線が交差したところには「福が宿る」とされてきました。今でいうパワースポットです。地形でいうと辻です。「辻に気が宿る」という言い方と、「辻に福が宿る」という言い方と、「辻に魔が宿る」という言い方があります。そのどちらにせよ、人間の思いを具現化する力がそこに宿るということなのです。

日本神話にもそのことが端的に描かれています。瓊瓊杵尊《ににぎのみこと》が天照大御神《あまてらすおおみかみ》の命を受けて天孫降臨しようとした際、天《あめ》の八衢《やちまた》で瓊瓊杵尊を出迎え、先導を申し出た神が猿田彦《さるたひこ》です。衢《ちまた》は道路が十字形に交差している辻のことで、八衢は八方向、すなわちさまざまの方向に道が分かれる交差点のことです。この猿田彦という「辻の神」の力がなければ、天孫降臨は不可能だったことが示唆されています。

この辻の神は、岐《ちまた》の神、道祖神などと呼ばれ、道路の分岐点の守り神とされ、昔から崇められてきました。この神こそ十字に宿る神です。

美術家の横尾忠則《よこおただのり》は昔、作家の三島由紀夫《みしまゆきお》から「芸術が縦糸で礼節が横糸、このふたつの交点に霊性が宿る。そんな作品を描け」といわれたと述懐していますが、この表現から三島氏もまた交点に霊性が宿ることを知っていたことがよくわかります。

世界中で一番よく利用されているのはクロスです。キリスト教では十字架が信仰のシンボルとして使われていますが、実際にクロスには力が宿ります。クロスの形に偉大な生命力が宿ることを知っていたのです。

そのクロスの霊性をもっと複雑にして力を強めたのが、五芒星《ごぼうせい》であったり六芒星であったりするわけです。五芒星も六芒星も基本的にはクロス構造です。クロス構造の連続体なのです。この形と宇宙の力とを共鳴させて、その力を呼び込む優れた装置です。

五芒星

六芒星

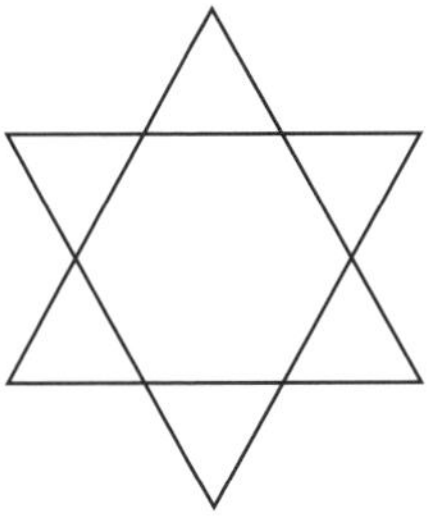

修験者や陰陽師が九字を切るときも、指で空中に縦に四線、横に五線の線を交差させますが、これもパワーを強める護身法ということになります。キリスト教徒がお祈りの際に十字を切るのも、基本的には魔除けですから、万国共通であることがわかります。

城や都は五芒星で守られていた

十字同様に円（丸）もまた、宇宙の力を引き込む力があります。丸と十字を合わせると島津家の家紋である「丸に十字」です。非常に宇宙的な力を感じます。

私の友達がイスラエルで買ってきたペンダントは、円の中に六芒星があり、その六芒星の中にクロスが刻まれています。円にクロスがたくさんあるわけですから、かなり強いパワーを持っています。

世界中に魔除けの呪符やシンボルが存在します。日本で面白いのは、お城の城壁や石垣に魔除けのシンボルがさりげなく刻まれているのが多いことです。これらは石を運んだ職人たちの家紋などの紋様だともいわれているのですが、私から見ると、かなり呪術的なことを施しているように思われます。

大阪成蹊短期大学名誉教授の岡田保造《おかだやすぞう》氏も魔除け説を採っています。岡田氏の『魔よけ百科』（丸善刊）によると、加賀百万石の金沢城の石垣には五芒星、白虎隊《びゃっこたい》で知られる会津若松の鶴ヶ城の石垣には多数のクロス、佐賀県・唐津城の天守閣には五芒星と「井」のような碁盤模様がそれぞれ彫られているなど、全国各地の城郭や寺社には呪術的な刻印が使われているそうです。

形の性質を使った呪術的な建造物としては、函館の五稜郭《ごりょうかく》が五芒星の最たる例かもしれません。米国の国防総省の建物であるペンタゴンも五芒星を模した形と見ることができます。

平安京や平城京などの古都も、高くて目立つ山と山を結んだ五芒星の中に建造されたとする

京都の結界を形づくる五芒星

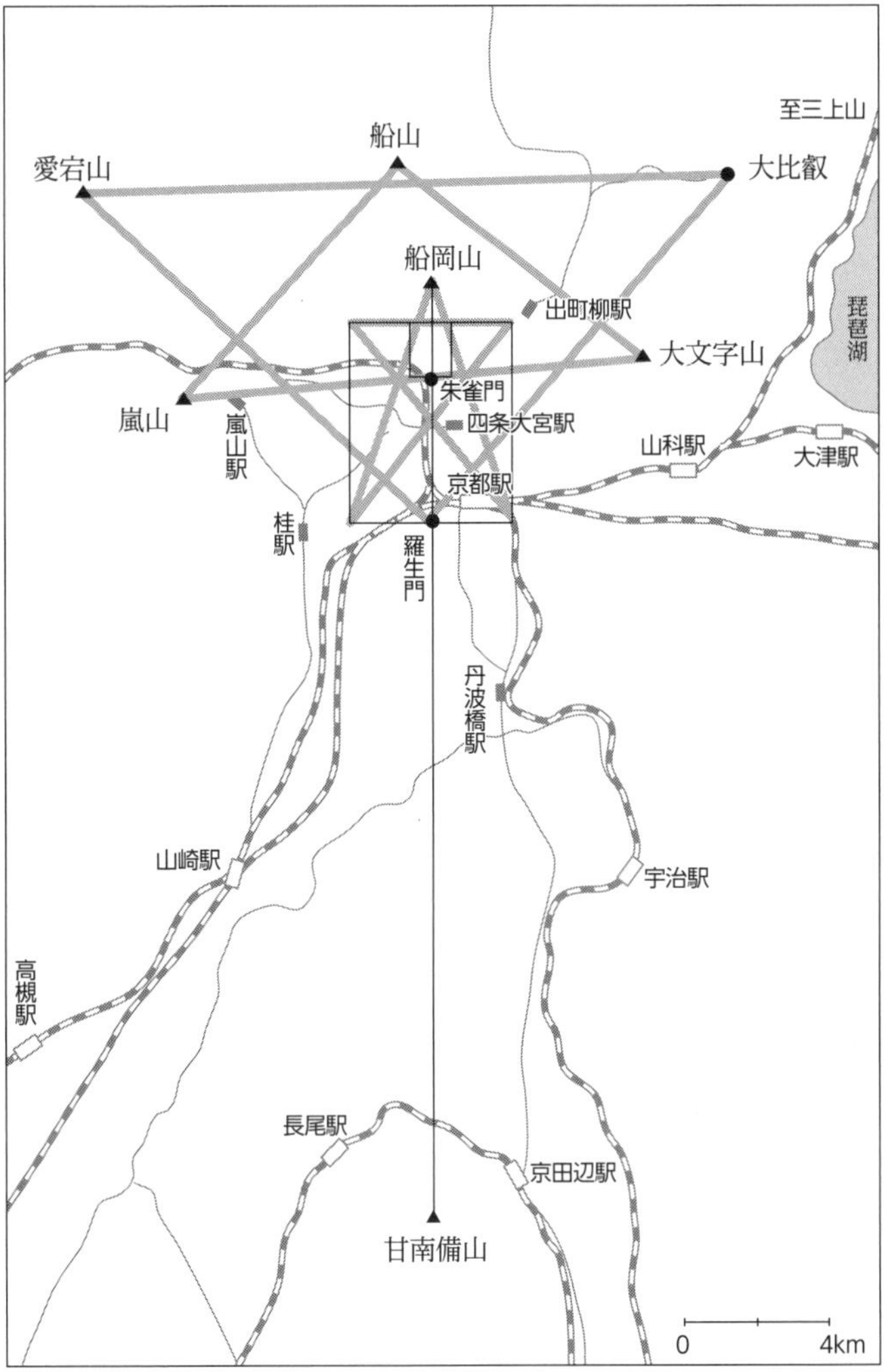

唐草模様

天津金木

説もあります。平安京を見ると、船岡山《ふなおかやま》と甘南《かんな》備山《びやま》を南北の軸にして、東西に愛宕山《あたごやま》と比叡山《ひえいざん》を配置しながら、五山《ござんの》送り火の五山を結ぶと、確かに平安京とその中心の大極殿《だいごくでん》が五芒星で結ばれた巨大な結界の中にあることがわかります。

五芒星はよく、西洋の城でも彫られたりしています。岡田氏の別の著作『魔よけ百科・世界編』（丸善刊）にも書かれていますが、スイス・レマン湖東岸にあるシヨン城には五芒星が、観光の名所になっているロンドン塔には五芒星と六芒星が刻まれていることがわかっています。いずれもよく見ないとわからない場所に刻まれています。そのほうが意識の底にある潜在意識に深く刻まれて、共鳴を起こしやすくなるからです。

十字架、五芒星、六芒星のほかに卍、唐草模様、天津金木《あまつかなぎ》の形なども強い力を持っています。こうした形は心を元気にさせるエンジンのようなものです。

5000年前に栄えたシュメールの王墓からもロゼッタ紋などの幾何学《きかがく》的文様が施された貴金属などの埋葬品が多数見つかっています。それらはみな、特定の空間をゴージャスなパワースポットにするためのに、宇宙の力と共鳴させるための共鳴装置として存在したのだと考えられるわけです。

数字で「心の性質」を強くする

それぞれの数に備わった心

形に心があるのですから、当然、数・数字にも心があります。

数字の心の性質を知るのに一番わかりやすいテキストは易経《えききょう》です。宇宙を八卦の事象に分けたときに、八卦のそれぞれに方角や数字が割り振られているからです。もちろんやみくもに割り振ったわけではなく、だれもが感じ取れる宇宙の法則として数字に心があるというわけです。

それによると、1はリーダーシップを発揮する心である乾《けん》の象徴であり、2はコミュニケーションや発信しようとする心である兌《だ》、3は熱意を持って飾ろうとする心である離《り》、4は人間関係を強くする心である震《しん》、5は自由になろうとする心である巽《そん》、6は集中力を持って掘り下げていく心である坎《かん》、7は伝統や歴史を忍耐強く積み上げていく心である艮《ごん》、8は抱擁したり、受容したりする心である坤《こん》を宿しているのです。

たとえば、今日は人間関係を強めたいと思えば、数字の4を、あるいは震のアイテムである緑や青、長方形や円柱の形のモノをその日着ていく服に取り入れたり、持ち物に忍ばせたりすればいいのです。

●数字と形と色が持つ基本的な性質と力

数	形	色	基本的な性質	表象	関係する力
1	円○	グレー	神々しいこと、新しいこと、イメージが広がることがはじまる	天	指導力・統率力・率先力
2	三日月☽	白	離れたりくっついたりする、楽しくなる	金	金運・コミュニケーション力
3	三角形△	赤	感情的になる、おしゃれになる	火	愛情運・情熱・感情力
4	長方形▯	緑	豊かに安定する、人が集まる	木	健康運・協調力・協和力
5	波形〜	紫	自由になる、風に乗る	風	創造力・冒険力・革新力
6	凹	黒	生命力が強まる、直感的になる、情が深まる	水	直感力・潜在力・集中力
7	凸	藍色	力が積み上げられる、伝統を継承する	山	踏襲力・蓄積力・継続力
8	正方形□	ピンク	受け入れる、優しくなる	土	受容力・包容力
9	∞(無限)		リセットする、超越する	神性	変革・超越力
0			より積極的になる		推進力・加速力・増幅力
10			1の性質が強まる		
20			2の性質が強まる		
30	…以下同じ。				

同様に目立ちたい、熱意を示したいと思えば、赤、三角形、3をどこかにまとうようにします。それらを表にまとめておきましたので、参考にしてください。

それらを使えば、バランスをとりながら人生にメリハリをつけることが可能になります。たとえば、パワーが足りないと思ったら、クロスや円のアイテムを増やして、身近に持つようにすればいいのです。そうすれば宇宙のパワーと共鳴しやすくなります。

また、数に関連していえば、暦や日付にもいろいろな心が宿ります。元日には元日特有の心が、節分には節分特有の心が、あるいはクリスマスの日にはクリスマス特有の心が宿ることはだれもが実感できるのではないかと思います。みんなの心がその日に同調するような現象が起こるからです。

夏至や冬至の太陽パワーを得る

古代の人々も天体を観測しながら、夏至や冬至の日に特別な心が宿ることを知っていました。冬至の日には、死と誕生を思い、夏至の日には生命力の高まりを感じ取っていたはずです。

岐阜県恵那《えな》市の鍋山《なべやま》の山頂近くには、夏至の朝、高さ約1・5メートルのふたつの立石の狭い隙間から太陽が昇るのを観測できる「鍋山のメンヒル」と名付けられた「夏至の日の出を告げる石」があることが知られています。縄文時代に建造されたとみられる巨石遺構です。わざわざ山の中にそのような立石を建造するということは、夏至がモノの霊性にも重要な意味を持

鍋山のメンヒル（岐阜県）
（提供：（一社）恵那市観光協会）

つことを知っていたからではないでしょうか。

夏至にはモノの力が強くなります。モノの訴えも強くなります。ですから、その日の前後になると、モノの訴えを感じやすいし、モノの心ともコミュニケーションしやすくなり、こちら側の主張もモノに伝わりやすくなります。縄文の人々も、そのことがわかっていたから、おそらくある種の祭祀場として、このようなモニュメントを立てたに違いないのです。

夏至の日の出を祝いながらモノと対話するという風習は、日本の古代国家にも引き継がれていたと感じます。694年から710年まで古都であった藤原京（奈良県橿原市《かしはら》）の藤原宮は、夏至の朝、ちょうど大和の聖山である三輪山の山頂から太陽が昇るのを観測できる位置に建造されたことがわかっています。しかもその夏至の日の出のラインは、大和三山の畝傍山《うねびやま》から天香久山《あまのかぐやま》と耳成山《みみなしやま》という他の二山を結んだ線分の垂直二等分線とほぼ一致しています。藤原宮と大和三山の位置関係にも非常に呪術的なものを感じます。

ある意味、それは古代においては世界共通の感覚でした。英国ウィルトシャー州のソールズベリー平原に鎮座するストーンヘンジは、夏至の日にヘンジの中心から日の出を見ると、アヴェニューという通路とヒールストーンと呼ばれる立石のはるか彼方にあるこの地域の最高峰であるウォルベリー・ヒルから太陽が昇るのを観測できるように設計してあります。

おそらくその前夜には、大勢の人々がストーンヘンジに集まって、夜を徹してなんらかの祭祀をして、あるいは踊り歌いながら太陽が昇るのを待ち望んでいたに違いありません。

藤原宮から見える日の出ラインと大和三山

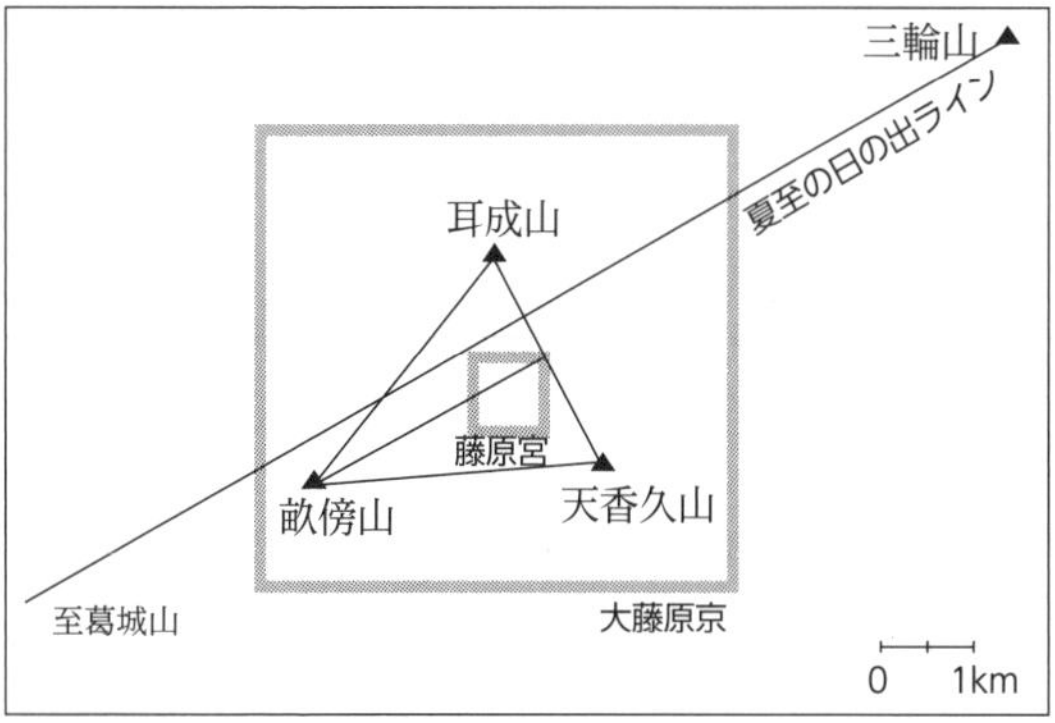

　世界各地で夏至の朝という特別な瞬間を祝うための儀式が執りおこなわれたことがうかがえます。つまり夏至の太陽の心と共鳴して、生命力のパワーをもらう、あるいは活用するという儀式です。

　イギリスの文化人類学者ジェームズ・フレイザー（1854～1941）が書いた古典的名著『金枝篇《きんしへん》』によると、イギリスやフランスなどヨーロッパ各地において、今でも夏至の前夜にはある魔法の植物、すなわち薬草を摘《つ》む習わしがあるといいます。その薬草はオトギリソウやキョウチクトウなどさまざまですが、夏至の直前に摘むと特別な魔力があると信じられていたのです。

特にオトギリソウは最も広く使われ、ちょうど夏至のころに満開となり、「その輝くような黄色の花びらと黄金色の雄しべが、この時期、天空の頂点に達する偉大なる太陽に似た、地上の小さな太陽に見える」ことから、家の中に吊《つる》しておけば悪霊から家を守る魔法の植物とみなされたとフレイザーは書いています。

冬至の日にも同様な儀式がありました。岐阜県下呂《げろ》市金山町《かなやまちょう》にある縄文時代の岩屋岩陰《いわやいわかげ》遺跡がある金山巨石群にも夏至と冬至の夕日が差し込む2本の線が巨石に刻まれています。山と山の谷間にある遺跡の所在地は、夏至の太陽が昇る北限から、冬至の太陽が沈む南限の方角に開けた地形になっています。

岩に刻まれた線刻などによって、古代の人たちは正確に暦を読み取り、夏至だけでなく冬至にもなんらかのお祭りを開催したはずです。太陽が一番弱まる冬至は、霊力を身近に感じる特別な日であったように思います。

それは古代ヨーロッパにおいても同じで、アイルランドの首都ダブリン郊外のボイン渓谷に紀元前3200年ごろ建造されたとみられる通路付き墳墓（羨道墳《せんどうふん》）群も、多分に冬至の太陽を意識して建造した巨石遺構です。

そのうちのひとつのニューグレンジ巨石墳墓は、冬至の日の朝、太陽の光は巨石の入り口から狭い通路を通って、最深部にある石室まで届くようにつくられています。この墳墓の入り口の石には、渦巻き模様やひし形のような紋様が彫られていますから、呪術的な目的でつくられたのは間違いありません。彼らもまた、模様に力が宿ることを知っていたのです。そして、一年で一番日が短い冬至の太陽の「心」と共鳴し、再生のエネルギーを感じ取り、未来の活力となる英気を養ったのではないでしょうか。

古代においては、万国共通の儀式として、太陽の無限のパワーを自分の心に刻み込むようなんらかの共鳴的な祭祀が執《と》りおこなわれていたのです。

月や星のパワーを取り込む装置と儀式

太陽だけでなく月のエネルギーと共鳴して、それを取り込む儀式もあったようです。

陰暦の八月十五夜《じゅうごや》および九月十三夜《いざよい》の月を鑑賞する月見の宴も、その儀式の名残であるといえます。古代日本人は月には霊的なパワーがあることを知っていました。だからこそ中秋の名月のように月がさやかに見えるときには、月と交流し、月を愛でることによって月のパワーを月見団子に宿らせていただくわけです。団子の丸い形は宇宙を意味しますから、まさに宇宙のパワーを体内に取り入れるという意味があります。

月の光には人間の「魄《はく》（霊魄）」に力を与える効果があります。魄は霊と肉体の接着剤のようなもので、魄の力が強まれば霊と肉体が正しく結ばれるため、浮足立つこともなく元気になります。逆に魄が弱まると、その人の霊の力も弱くなるので、「心ここにあらず」というような状態になり、他の霊が取りつきやすくなるという現象が起きます。そうならないためにも、ときどきは夜空の月を眺めながら酒宴を催すのも理に適《かな》っているのです。

日本の月見とは異なりますが、古代の西洋にも月を愛でたり鑑賞したりする習慣がありました。

英スコットランド北西の果てにあるアウター・ヘブリディーズ諸島のルイス島には、「月の神殿」と称される約5000年前の巨石群遺跡「カラニッシュ・ストーンサークル」があります。このストーンサークルは十字に列石が組み合わさった複合巨石遺構で、太陽だけでなく月の運行を観測した巨大な装置であったこともわかっています。彼らは18・6年の周期で地球から見た月の通り道が変化することに気づき、その変化がよくわかるように巨石を配置しています。

カラニッシュ・ストーンサークル

スコットランド東部のアバディーンシャー州では、特に月の観測施設であったとみられるストーンサークルが多く点在しています。中央から見て南東から南西にあるサークルを形成する立石を意図的にまるで舞台のように上面を水平にした横長石にして、ある特別な時期にその水平の舞台石の上の低空を月が出現して消える様を観賞していたのです。

なぜこのように月を愛でる舞台装置のような巨石遺構をつくったかというと、おそらく彼らもまた、月には身体の精気を高める力があるのを知っていたからです。いわゆる肉体の「魄」を強めるのが月なのです。

このようなことを書くと、「月の光は単なる太陽の反射光だ」などと一笑に付されるかもしれません。しかし、月の光は私たちの肉体と非常に大きくかかわり、潮の満ち引きと同じく影響を与えているのです。

その意味を含ませながら、肌や、肺、心臓といった臓器など人間の肉体に関係する漢字の偏には肉月を使うという「しきたり」を先祖たちは残してきました。古代の人々は、月と肉体のあいだになんらかの関係があることに気づいていたのでしょう。

月の光には明らかに霊力が宿っています。月を延々と眺めることによって、月から出ている力を自分のものにすることができるのです。さらにその力を大地にも導くために、環状に配置した巨石を使って儀式をしたのではないでしょうか。特に決められた日に月を眺めることによって、一層その力が増幅するのを感じたはずです。

新月、繊月《せんげつ》、三日月、上弦の月、十三夜、小望月《こもちづき》、満月、十五夜、十六夜、立待月《たちまちづき》、寝《ね》待月《まちづき》、更待月《ふけまちづき》、下弦の月、三十日月《みそかづき》など、月に多彩な呼び名があるのも、それぞれの月にそれぞれの心があることを日本人が古来知っていたからに違いありません。

ほかにも北斗七星の形を地上に転写して神社を配置したり、神木を配置したり、巨石に七つ

星が描かれた霊府

此《こう》真《しん》符《ふ》を白《しら》紙《がみ》に(ル)にて書《かき》符《ふ》中《ちう》の明《あき》所《しよ》に本《ほん》人《にん》の姓《せい》名《めい》年《とし》願《ぐわん》望《もう》を(カ)にて書《かき》封《ふうじ》て所《しよ》持《ぢ》せば

諸《もろもろ》の怨《をん》心《しん》恨《こん》念《れん》を除《のぞ》き一《いつ》切《さい》の障《さわ》りを退《しりぞ》け禳《はら》ふの御《ご》真《しん》符《ふ》也《なり》

此《この》真《しん》符《ふ》を白《しら》紙《がみ》に(ル)にて書《かき》符《ふ》中《ちう》の明《あき》所《しよ》に本《ほん》人《にん》の姓《せい》名《めい》年《とし》願《ぐわん》望《もう》を(カ)にて書《かき》封《ふうじ》て所《しよ》持《ぢ》せば

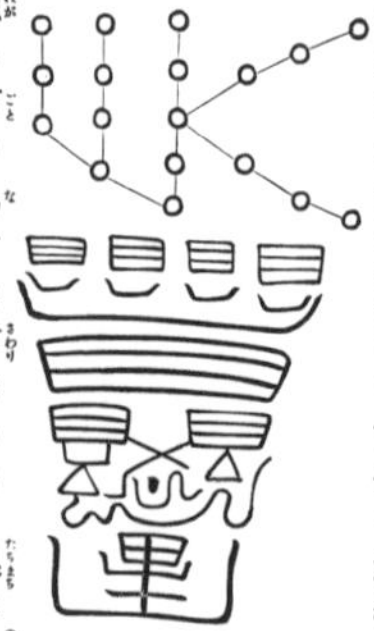

諸《もろもろ》の願《ねが》ひ事《ごと》を為《な》すに障《さわり》あるとも忽《たちまち》に除《のぞく》て心《こころ》の如《ごと》くに速《すみやか》に叶《かな》ふ事《こと》不《ふ》思《し》議《ぎ》の御《ご》真《しん》符《ふ》也《なり》

此《この》真《しん》符《ふ》を白《しら》紙《がみ》に(ル)にて書《かき》符《ふ》中《ちう》の明《あき》所《しよ》に本《ほん》人《にん》の姓《せい》名《めい》年《とし》願《ぐわん》望《もう》を(カ)にて書《かき》封《ふうじ》て所《しよ》持《ぢ》せば

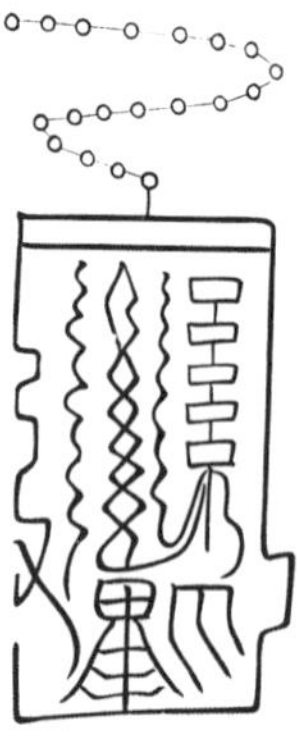

諸《もろもろ》の珠《しゆ》玉《ぎよく》を求《もと》むるに障《さわ》り無《な》く心《こころ》に任《まか》せて求《もと》め得《う》るの御《ご》靈《れい》符《ふ》也《なり》

此《この》真《しん》符《ふ》を白《しら》紙《がみ》に(ル)にて書《かき》符《ふ》中《ちう》の明《あき》所《しよ》に家《か》属《ぞく》の姓《せい》名《めい》を(カ)にて書《かき》封《ふうじ》て主《しゆ》人《じん》是《これ》を所《しよ》持《ぢ》せば

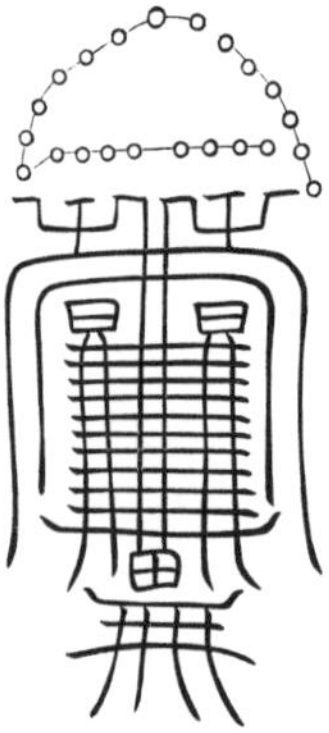

家《か》内《ない》の妻《さい》子《し》眷《けん》属《ぞく》等《とう》和《わ》合《がふ》愛《あい》敬《きやう》して口《く》舌《ぜつ》災《さい》難《なん》を除《のぞ》き無《ぶ》事《じ》安《あん》全《ぜん》成《な》る御《ご》真《しん》符《ふ》也《なり》

（出典：藤崎孝教『天帝尊星　霊符秘密集伝』天星館刊より）

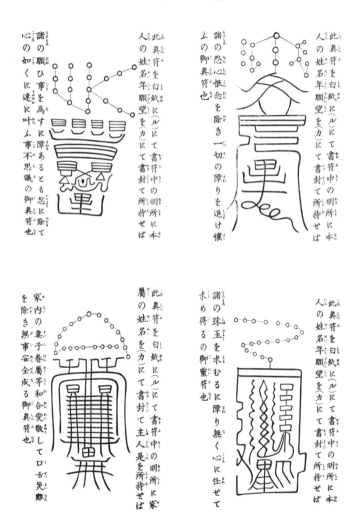

星を表す穴が穿《うが》たれたりするケースが日本全国にあることも、同様に天体のパワーと共鳴を起こすのが目的だったわけです。

それを端的に表しているのが、寺社などの護符・お札です。東洋で一般的によく書かれるお札には札の上方などに図柄として星がよく描かれています。星を表す点や丸が線で結ばれ、星の配列が記されています。つまり星座の力を借りるという発想が盛り込まれているわけです。

霊符に描かれた形を白紙に書き留めて、余白に自分の姓名や願望などを書き、封をして所持すれば、その願望を実現するための障害が取り除かれるとされています。月や星、太陽を神に見立ててきた日本ならではの呪術がそこにあるのです。

暦の霊性を知る

暦の数字には、別の意味で数字のパワーが宿る場合もあります。それはある種の周期からくる特異日です。よく知られているのは、「13日の金曜日」ですが、あれは単なる迷信であると片付けることもできません。クリスマスが楽しい心と共鳴するように、13日の金曜日がある種の暗い心と共鳴することもあるからです。それらは人類の集合無意識（個人を超越して存在する民族や人類の無意識）の総意で決まるようにも思われます。

そのほかに知られているのは、23日が持つ特有の魔力です。日本では昔から「二十三夜待《にじゅうさんやまち》ち」や「庚申待《こうしんまち》ち」のように、23日から24日にかけて、毎月のこの日付になると、何か不思議な現象や普段あまり起こり得ないような、確率的に偏った出来事が起こりやすいといわれています。23日の夜に何か不思議な現象を見守るというお祭りがありました。

日本だけでなく、アメリカで「超常現象ハンター」の異名を持っていたジョン・A・キールは、世界中の超常現象の事例を調べたうえで、超常現象が「23日」という日付に非常に深くかかわっていることに気づき、本に著しています。カナダ出身の俳優ジム・キャリーの主演した映画『ナンバー23』（2007年、アメリカ）はまさにその23の神秘を映画化したものでした。

航空局航空官や科学技術庁審議官を歴任した航空工学者・井上赳夫《いのうえたけお》は『魔の特異日』という本の中で、過去数十年の航空機事故と発生日を調べたところ、特定の日にち（夏冬の新月と春秋の上弦、下弦）の前後に事故が集中していることに気づき、それを「魔の特異日」と名付けました。しかもその周期が23～24日周期で訪れるとの説を採っていました。やはり23には「魔の力」が宿っているように感じられます。

暦に関していえば、元号を祥瑞《しょうずい》（吉兆）によって変えるという呪術もあります。元号は明治以降、一天皇一元号と決められたため、今日では一天皇のあいだに元号が変えられることはありませんが、昔は一代中にたびたび元号が改められるということがありました。というのも、かつては元号そのものを呪術ととらえ、元号を改めることによって天変地異を回避したり、社会の平安を求めようとしたりする考え方が強くあったからです。

たとえば天武天皇の時代に、赤いカラスが献上されたり、赤い雀が南門にとまったりしたた

祥瑞によって改元された年号	改元となった理由
白雉《はくち》(873年)	白い雉《きじ》の出現
慶雲(704~708)	めでたい雲、珍しい雲の出現
霊亀(715~717)	白い亀の出現
養老(717~724)	おいしい湧き水の出現
延暦(782~806)	秋の収穫の豊作
天安(857~859)	白い鹿や目連理(二本の木の枝が途中でひとつになっている状態)の出現

め、めでたい兆しであると解釈して、天武天皇の14年(西暦686年)によい世がくるようにとの願いから赤い鳥にあやかって朱鳥《しゅちょう》元年に改元しています。このように、めでたい兆しにあやかって改元することを、祥瑞による改元といいますが、ほかにも同様な改元を例示すると、右の表のようになっています。

珍しい現象には、ありがたい力があると考えたのです。その力を元号に宿して、幸運を引き寄せようという呪術は、まさに暦にも霊性が宿ると考えたからにほかなりません。

モノを心にイメージして健康になる

イメージの力を借りる

数字や日付に心が宿るということは、その数字や日付に付着するイメージに人間の集合無意識が共鳴現象を起こしているともいえるかもしれません。イメージの力とはそれほど強いものなのです。言い換えると、集合無意識が数字や日付にある特定の性質を感じたり、イメージしたりすると、お互いの心の中でそれが響き合い、増幅されるような現象が起こるように思われます。イメージの力が共鳴を引き起こすのです。

それを応用して、イメージの力で自分の体を調整する方法を説いたのが、中国気功最高峰の気功家・厳新《げんしん》の「気功対症療法」です。厳新はいわば中国政府公認の「特異気功能力者」（超能力者）のトップで、スタジアムに病気の人を集め、独特の気の力で一度に数千人単位の集団治療をおこなっただけでなく、2000キロ離れた実験場に気を送り、生き物だけでなく物質に影響を与える実験にも成功したといわれています。

厳新が監修した『厳新気功学テキスト』（ベースボールマガジン社刊）にそのやり方が書いてあるので、簡単に紹介しましょう。

厳新の療法ではまず、心、息、姿勢を調整しながら、自分の体内に気を巡らせる練功《れんこう》をしま

イメージによる体調の整え方

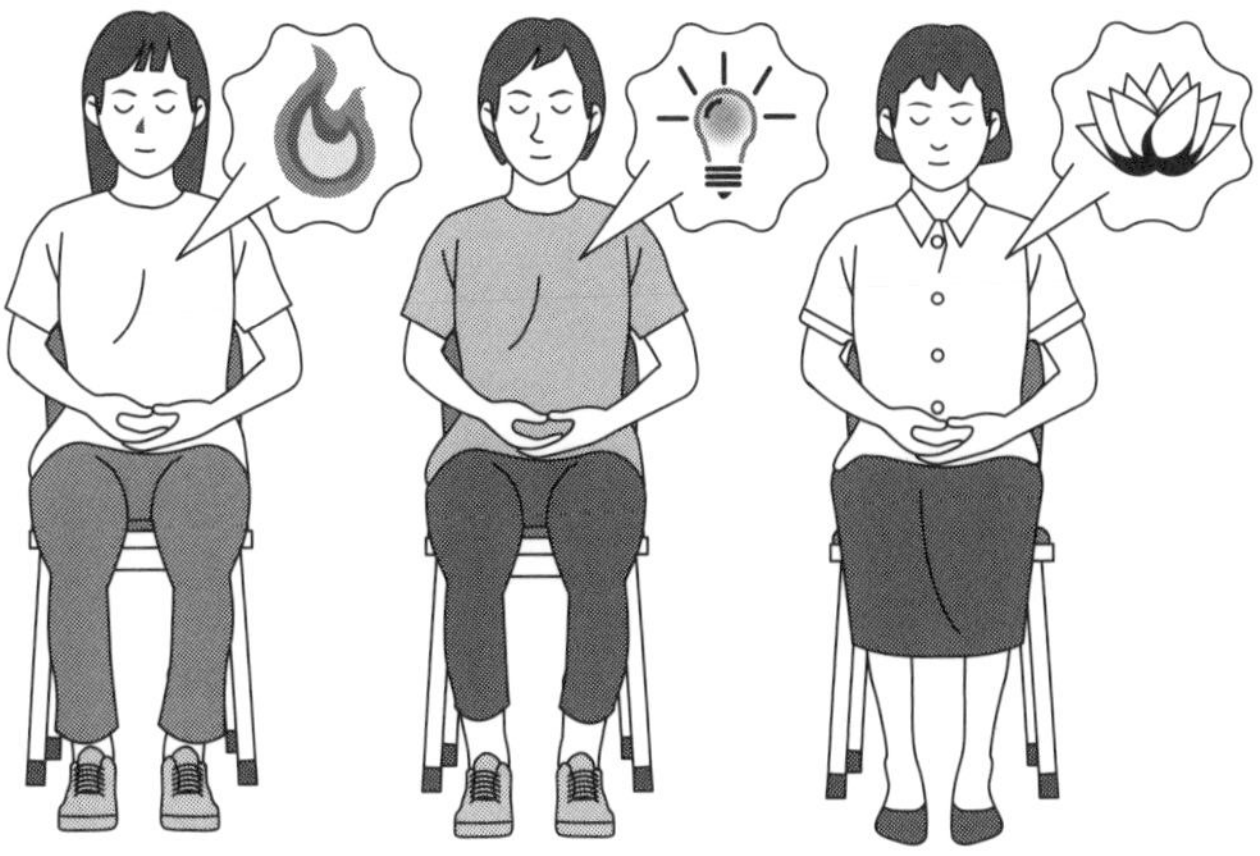

図1　図2　図3

す。いくつかのやり方がありますが、たとえば椅子の背に寄りかからないようにして静座もしくは床やベッドの上で盤座（胡坐《あぐら》をかく）して、ゆっくりと深呼吸を続けます。呼吸と姿勢が整った後、最初に心臓と左胸の内面に意識を集中します。意念で心臓と左胸を思うわけです。

一般的には、漢方医学や易、五行では心臓は火に属しているので、心臓の中でまるで一塊《いっかい》の火が燃えていることを少し思います。この火のイメージには温度があり光があります。

これが基本形ですが、それぞれの状態や目的に応じて、次のようにイメージします。

①身体の調子が良く、自分の気功能力を開発したい人は、心臓の内面に一筋の強い光があり、まるで赤色または黄金色の電球の光があるように思います。

②情緒の良くない人、ストレスの多い人、特に若い女性、神経系統の不調のある人は、自分の心臓にまるでひとつのピンク色の蓮の花が開こうとしていることを思います。蓮の花が水の中から出てきて、水滴を抱きながら花を咲かせた光景を思い描くわけです。
③家族の中でかなり重い病気の人がいる場合は、心臓のところにひとつの蓋《ふた》をした鉄鍋が下から火に焚かれている光景を思い浮かべます。鍋の中には水が入っており、火が大きく燃えてちょうど水蒸気が出てきています。その水蒸気が自分の身体を透過して空間へゆっくりとあふれ出て、家の中で横たわっている病人のところへ伝わっていくのをイメージするのです。
④自分で超能力的な特異功能を出したいと思っている人は、心臓のところにひとつの大きな釣り鐘が下がっているのを思い浮かべます。鐘のそばには1本の棒が吊してあり、鐘がその撞《しゅ》木《もく》で撞《つ》かれ、ゴーン、ゴーンと鳴り響いている光景をイメージします。

イメージを組み合わせる

これを応用して厳新は、病気ごとに効果があるとみられるイメージを使った対症法を提案しています。そのいくつかを挙げると、腫瘤《しゅりゅう》、乳腺増殖症の人は、最も好きな果物が自分の家にあることを想像するといいとしています。

心臓病の人は、心臓に赤い光の塊があることを想像したり、朝鮮人参《にんじん》を思い描き、その形と味を想像したりします。

イメージを組み合わせる方法の例

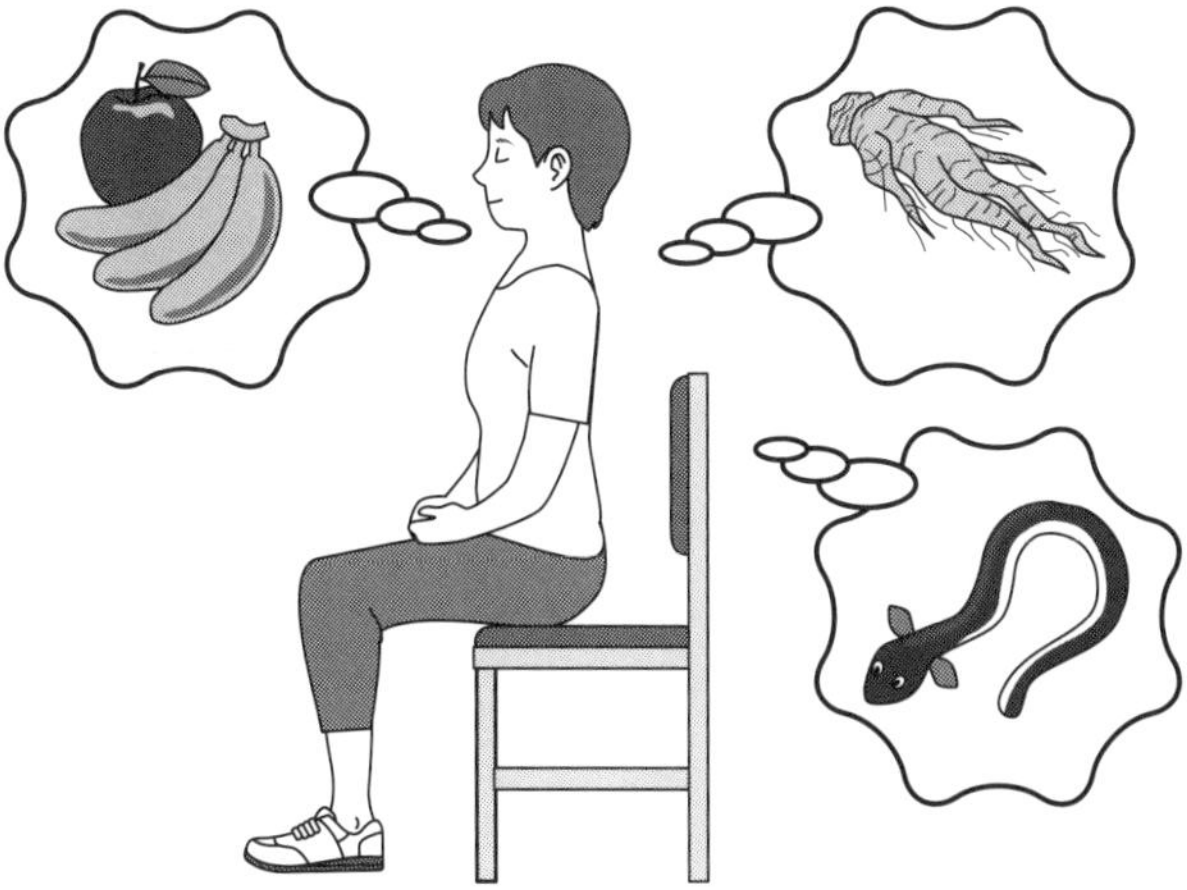

関節炎の場合は段階があり、まず自分の健康なときの状態を想像し、自分の足の下にふたつの火の光があることを思い浮かべます。深く呼吸しながら、火が両足の下から骨の中に入り、だんだんと骨が温められ、全身の骨と関節が発熱するのをイメージします。そのうえでウナギやドジョウといったヌルヌルした魚の形を想像するのです。光、火の熱、ウナギといったイメージの組み合わせで、関節炎と闘うわけです。

神経系統の疾病がある人には、さらに複雑にイメージを重ねていきます。

まず目を閉じて、深く息を吐き、自分の両足あるいは両手の指先に外から風が吹きつけて、しびれ、腫れがあることを想像します。続いて何か音が聞こえる自分を思い浮かべ、心の耳を澄まします。すると、まるで雷か鐘の音のように鳴り響き共鳴するような特殊な音が聞こえてきます。その次に、ネギやニンニクの茎、あるいは山椒《さんしょう》、パセリなど特殊な香りのある野菜を想像します。さらに続けて、檀香《だんこう》と麝香《じゃこう》の名を想像し、最後に麝香の香りで心を落ち着かせます。そして、麝香が体内に入って経路をとおり、まるで何かの香りや薬の匂いを嗅げるようになります。もし香りを嗅ぐことができれば、正常になっている、といいます。

そのほか、くわしくは書きませんが、結石などの病変のある人にはイカを想像させたり、呼吸気系統の炎症がある人には猫の姿を思い出させたり、目の疾病がある人には太陽、月、満天の星を次々と意念で観察し、最後に自分が花園の中にいることを想像させたりする気功対症療法が紹介されています。

このようにモノが持つ心のイメージを借りるわけです。そしてそれらのイメージを組み合わせて、特定の病と闘うというやり方は、非常に優れた対症療法に思われます。というのも、そのモノをイメージするだけでも、そのモノと自分の心とが共鳴をはじめるからです。すると、そのモノが持つパワーを借りることができる――そのような方法論を示唆しています。強い者と共鳴すれば強くなるのと同じ原理です。ヌルヌルとしたウナギが持つ潤滑剤的なイメージは関節炎に響《ひび》き、心が落ち着きます。

中国拳法には、形意拳《けいいけん》という門派・流派があります。陰陽五行説を技法として表現する五行拳と呼ばれる基本拳と、それを応用した、いろいろな動物になりきって相手と闘ったり演じたりするという象形拳を持っています。後者は龍、虎、熊、鶴、蛇、馬、鷹など12種の動物の意

（心）を表した拳法とみなすことができます。まさに強い動物のイメージと共鳴させて、自分を強くするわけです。

ほかの流派にも、獲物を捕るカマキリの動作から着想を得た蟷螂拳《とうろうけん》、キツネと闘う鶴の様子を見て、鶴の動きを取り入れた白鶴拳《はっかくけん》という拳法もあります。

いずれも対戦する相手の状況に応じて、自分の体と共鳴するイメージを変化させて、必要な力を得るという技法です。これなどはまさに、イメージすることによって、自分を強くしたり、望む性質に変えたりしていく共鳴的技術にほかなりません。

碁盤上の碁石に灸をすえる碁盤療法

空間のイメージを利用した療法としては、碁盤を宇宙や人間の体に見立てて、その人の症状に合わせた順番の碁石を中央に置き、その人の代わりに碁石に灸をすえることによって治療する碁盤療法という呪術を編み出した人もいます。警察署の会計主任を務める傍ら、薬や外科手術に頼らない療法を長年研究して、この療法を発見したという大自然療教の開祖尾川彦治郎（1866?～1928）です。この教祖が亡くなってから、弟子の秋永常介が1933年に講義の内容を『大自然療法の巻』という本にして教えを残しました。

碁盤療法の開祖尾川彦治郎

それによると、碁は易の理《ことわり》そのもので、碁盤の方形は地の性質を表し、碁石の円形は天体を表し、碁石の黒と白は、それぞれ陰と陽を表します。

盤面は縦横それぞれ19本の線が引かれ、その交差する点が361目あるわけです。中央の目を天元・太極と見て、残り360目を360度としてとらえ、さらに4等分すると、春夏秋冬の四季が現れます。これによって碁盤は、天地陰陽四季などが表象されている大自然・宇宙であると考えるわけです。

そして、病者を碁盤のそばに座らせ、問診によって病症を探知し、その症状に合った易の卦《け》（陰陽の組み合わせ6個からなる）を白黒の碁石を使って碁盤の中央に6個並べます。その並べた碁石にもぐさを置き、線香の火で点火、人間の代わりに碁石に灸を施すと、病魔を焼き滅ぼすことができると書かれています。

病症別の卦としては、神経痛やリウマチ、脚気《かっけ》には艮為山《ごんいざん》と震為雷《しんいらい》を、打撲傷には地山謙《ちざんけん》を、それぞれ6個の碁石で表して使うといいのだといいます。

弟子の秋永は「必要なのは碁盤だけ。施法即座に霊験を顕すがゆえに急性中に本療法を施せば、絶対に慢性に至らない」と書いています。身体の問題は、当然医師にかかるのが最優先ですが、心をケアする法があることも忘れないでください。

肉体と霊が共鳴する手かざし

一般的なヒーリングのイメージとして、肉体と霊が共鳴して癒やすという意味では、手かざしという方法もあります。

いろいろな流派がありますが、基本的には患部に手をかざして、霊的な共鳴現象を引き起こすことによって患部を癒やしたり、病気を治したりすると考えられています。

増上寺でおこなわれた手のひら療法

フランス王アンリ4世が手のひら治療をしている絵

記録にはありませんが、日本ではかなり古い時代から手かざしの治療がおこなわれていた節があります。宗教や宗派を超えて実践されており、1931年に出版された江口俊博・三井甲之の『手のひら療治入門』（アルス刊）には、浄土宗の芝の増上寺で秘密結社のようにみんなが集まって手かざしのヒーリングをやっている写真が掲載されています。ヨーロッパでも古くから施術されていたとされ、英国王やフランス国王が手かざしで病を治したという記述や絵が多く残されています。

8章

万物の「相」から吉凶を見極める法

印相が運命を強める

印鑑は呪具であった

普段、さほど細かいことを気にしなくても、印相や家相はとても気にするという人は少なくありません。こうした事柄に神秘的かつ運命的な現象が関係することを本能的に感じているということなのでしょう。

実際に印鑑（印章）は、ただの捺印《なついん》の道具ではありません。その印鑑の相を見る印相学は神がかり的なものでも迷信的なものでもなくて、易学を基礎とした、易の定理にのっとった運命方術であるといえます。別の言い方をすると、モノを自分の分身として持つ一種の呪術なのです。古来、「印は首と引き換え」といわれるほど、印は大切に扱われてきました。印鑑は命そのものとみなされていた時代もあったのです。

ところが、大衆のあいだにあまねく浸透していたはずの印相学も、霊感商法やインチキ商法に悪用されて、最近ではあまり関心を持たれなくなったのが非常に残念です。しかし、それでいいのでしょうか。騙《だま》されて大枚を叩《はた》かなくても、本当にいいものは簡単につくれるはずです。印鑑をつくる際はいい材料を使って、適正な価格で心を込めてつくってもらってください。それが基本線です。

印鑑をつくって運命が変わるような現象も起きるのです。印相学はそう見るべきです。一番歴史のある類感呪術（文化人類学者のジェームズ・フレイザーが定義した人類学における呪術の性質を表した言葉で、類似した物同士は互いに影響し合うという法則にのっとった呪術）であり、自分の運命を切り開くことができる呪具ともいえるものです。

ここでは印相学について知っておくべき基礎知識をまとめておきましょう。

印相学を構成するものは、易を基礎とした陰陽観、五行観、三才《さんさい》観です。陰陽のふたつの観点で見て、三才という3つの観点で物事をとらえ、五行という5つの宇宙の働きを感じながら、それらを易が示す8つの季節や方位、性質にちりばめ、バランスよく表現させるのが印相学です。また実印、銀行印、認印《みとめいん》の3つが正しく備わったことを、三才が正しく整ったという意に解釈するのだと、印相学の研究家平木場泰義《ひらこばたいぎ》は『印相学の知識』（神宮館刊）で書いています。

印材は、その硬度、耐久性、粘り気などの観点から象牙《ぞうげ》、黒水牛の角、黄楊《ツゲ》の3種が良いとされています。逆に水晶、金、銀、プラチナといった印材は、硬度は確かにありますが、彫りにくさや自己顕示欲の表れとみなされやすいという点から敬遠されています。

印章の形は円筒形が一番好まれ、印面の形も円型が吉印面とされています。円が易では宇宙や天を表す「乾《けん》」で、円筒形は人間関係を大事にする「震《しん》」を示すからです。

これに対して角型や楕円型の印面もよく見かけます。しかし、正方形は受容力のある大地を表す「坤《こん》」となり、そこを見透かされ、おおらかであることを都合よく利用されたり、相手に丸め込まれたりすることになりかねません。前出の平木場によると、角型の実印を所持している人は、奇妙に借金に苦しむ人が多く、しかも事業に失敗する人がほとんどという統計が出ているほどで、角型印は一名〝借金印〟とも呼ばれているそうです。

もっとも、書画に筆者が直筆で署名し、または印を押す落款《らっかん》や、多くの民族が集まった国家や友好団体の印としては、角型がいい場合があるように思われます。

楕円形の印は、中心の星を楕円軌道で回る衛星にたとえられることから、従属的になるとして敬遠されることが多いようです。

印文《いんもん》・印影は、気品の高さ、美しさ、安定感、充実感、重厚感、積極性、発展性などがきちんと感じられるかどうかで判断するしか方法はありません。購入前に見本の印影を無心に見つめ、そこから何を感じるかを大事にしてください。

護符としても使われた印章の歴史

印章の歴史は古く、世界最古のはんこ（印判）は、5000年以上前の古代メソポタミアで栄えていたシュメールで使われていた円筒印章であると考えられています。円筒印章は、円筒形の石に彫られた図柄や文字、シンボルなどを粘土板の上に転がして印影を得る印判で、転がすだけで無限に印面をつくることができます。

その原型となったとみられるのは、紀元前7000年後半にあたる北シリアの遺跡から出土したスタンプ印章で、幾何学模様が彫られた石を粘土に押しつけて印影を得ていました。幾何学模様はやがて植物や、牛やライオンといった動物の姿をかたどった図柄になります。主に穀物などを入れた壺や瓶に革や布をかぶせて紐《ひも》をぐるぐる巻き、さらに紐に粘土を塗ってスタンプ印章を押すなど、封印のために使われていたようです。

シュメール文明のウルク文化期（紀元前3500〜同3100年）の後期に現れた円筒印章の役割は、封印だけではありませんでした。円筒印章に紐をとおして首にかけたり、胸にピンをとめて、そこから円筒印章をブローチのように下げたりしている絵が見つかっています。おそらく開運魔除けの護符やアクセサリーとしても使っていたと考えられています。図柄もより複雑化して、物語の一場面や王や神像なども彫られるようになりました。

円筒印章の石材として使われていたラピスラズリは、権力と神の恩寵《おんちょう》、水晶は富と名声を招くとそれぞれ考えられていたとされていますから、実際、円筒印章に使う材料や図柄にも呪術的意味が込められていたのです。

このほか石材として大理石、アラバスター（雪花石膏）、閃緑岩《せんりょくがん》、石灰石などが使われていたことがわかっています。シュメール人もまた、石や形、図形にそれぞれ固有の性質が宿ることを感じ取っていたに違いありません。そうした呪術性から、あるときは護符として、あるときは所有の権利や義務の履行《りこう》の表象として重宝されました。

シュメールで開花した印判文化はその後、古代エジプトや古代ギリシャ、そして古代中国や古代ローマへと世界中に伝搬《でんぱん》していきました。

特に中国では、神秘的な力によって封をしたものを守るという思想があったとされ、遅くとも紀元前11世紀の周の時代に封印や押印として使われるようになりました。

紀元前221年には、中国史上最初の統一国家を築いた秦《しん》の始皇帝（紀元前259～同210年）の時代に制度が整備され、皇帝が持つもののみを「璽《じ》」、臣下が持つものは「印」と呼ぶように定義しました。その後、漢の時代になると、丞相《じょうしょう》や大将軍が持つものは「章」と呼ばれるようになるなど、印章は持ち主の権力を示す象徴になったのです。

日本にも中国から印章文化が流入してきました。有名なのは、57年に後漢《ごかん》の光武帝《こうぶてい》が倭国《わこく》の王に送ったとされる金印「漢委奴国王《かんのわのなのこくおう》」です。1784年に筑前国（福岡県）の志賀島《しかのしま》から出土しました。しかしながら、古代日本にはすでに縄文土器や土偶のように、呪術的な紋様を施された呪具が広まっていた風土があったにもかかわらず、印章はあまり使われた形跡がありません。

日本で印章が本格的に使われるようになったのは、推古天皇の時代（6世紀末～7世紀初め）に聖徳太子が摂政のとき、小野妹子《おののいもこ》を正使として隋《ずい》に派遣し、隋の文物について学ばせて積極的に隋と交流をはじめたときだったと思われます。それによって、のちの645年に大化の改新という大改革が起こり、701年に大宝律令が制定されます。それ以降、中央政府と地方諸国のあいだにおける重要公文書に、印章が使われることになったのです。

宇宙の理法と智が込められた「釈迦の印判」

印章は奈良時代には神社や寺院などでも好んで使われるようになりました。印章はすべて銅をもって鋳造《ちゅうぞう》され、その制作に当たっては、鋳造に用いる諸材料の量から制作に当たる人数まで、厳格に定められていたようです。印章の制作自体がひとつの儀式であったと平木場は書いています。

ところが、平安時代の後期になると、それまで厳格に執行されていた律令制の形式化が疎《うと》んじられるようになります。決まりごとが多すぎて、実用的でなかったからです。鎌倉時代になると、公文書には捺印しないことが一般的な風潮となりました。

そのころ、印章の代わりに台頭してきたのが「花押《かおう》」です。花押は署名から発展したもので、それがあたかも花のように美しく描かれることからそう呼ばれるようになりました。花押は、最初はその人の署名の代わりとして書かれるものでしたが、次第に呪術性が高まり、その人の人間的な気質、性格などを如実に表したものとして、印章よりも重要なものとみなされるようになったようです。

面白いのは、厳新の「気功対症療法」のように、花押にもイメージの組み合わせが巧みに盛り込まれていることです。たとえば鎌倉幕府初代将軍　源　頼朝《みなもとのよりとも》の花押を見ると、「頼」の「束」と「朝」の「月」を組み合わせたものであることがわかります。ふたつの異なる文字のイメージを組み合わせることによって、新たな自分をつくり出す呪法であったようにも感じます。

その後、花押は直筆でなく版刻をしたものが用いられるようになったため、印章も花押も印判として区別されなくなります。そして江戸時代中期の1732年、当時優れた学僧のひとりであった大聖密院盛典が花押について著した『印判秘訣集』が大衆向けに刊行されると、大きな反響を呼び、印章の文字にも活用されて現代の印相学の基礎となったと考えられています。

その『印判秘訣集』には、著者の盛典が群馬県高崎市の興禅寺《こうぜんじ》に伝わる釈迦如来の「華字印《けじいん》」と称するものが花押の基礎であるとして紹介されています。印相学では知らぬ人はいないと思われる「釈迦の印判」です。

それによると、釈迦の印は、インドで古くから神聖な言葉とされる梵語《ぼんご》の文字と、三身（法《ほっ》身《しん》、報身《ほうしん》、応身《おうじん》の3種類の仏身）、曼荼羅《まんだら》の五智（法界体性智《ほっかいたいしょうち》、大円鏡《だいえんきょう》智《ち》、平等性智《びょうどうしょうち》、妙観察智《みょうかんさつち》、成所作智《じょうしょさち》という仏が備える5種の智恵）、そして、六大（地、水、火、風、空、識という万物を構成する6つの要素）の「智大」の組み合わせであると解釈、密教哲学がちりばめられているのだといいます。

確かにこの「釈迦の印判」を見ると、いろいろなイメージが複雑に

源頼朝の花押

釈迦の印判

組み合わされていることがわかります。宇宙の理法と智がちりばめられている最強のパワーシンボルです。

最近は新型コロナウイルス騒動に伴いテレワークが活用されるようになったことから、印鑑の押印をやめて電子署名などで済まそうという動きや、印判は美術品として残すだけでいいなどという極論も出てきていると聞いています。行政手続きすべてに押印が必要だとはいいませんが、印鑑は大事な呪具という観点からも改めて見直されるべきです。運命を左右する力を持つ印鑑を決して、ぞんざいに扱ってはいけないということだけは確かです。

相を観て、人生に生かす

モノの霊性は相として見える

実は万物の心は相として現れます。モノと対話することによって相が見えてくるのです。たとえば、ジャンケンをするとき、ふと相手の頭の上に、まるで漫画の吹き出しのように、相手がこれから出すものの映像が見えることがあります。つまり、心が思うことが相として半ば映像化されるようなことがあるのです。それが相の本質でもあります。自分の手という形と対話すれば手相、顔と対話すれば顔相、家と対話すれば家相になります。モノに現れてくる霊性を「相」という形で読むのが相読みです。

手相の霊的フォース

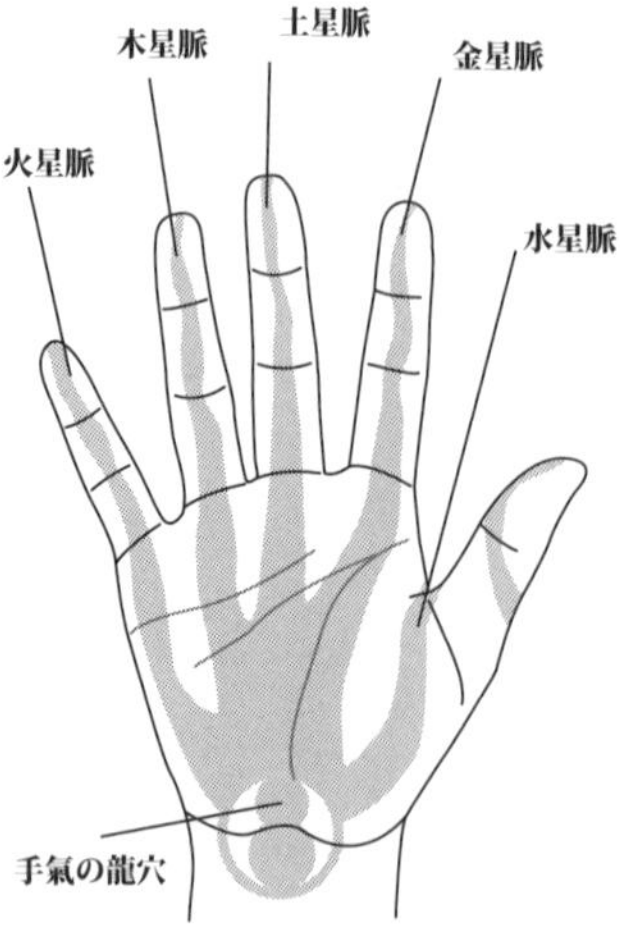

みんなが一番よく知っている相は、おそらく手相でしょう。手のひらのしわ、気色、指紋などを見て手の「心」である「相」を見て、その人がどういう心の状態にあるか、どのような人生を歩んできたのか、将来はどうなりそうなのかを見るわけです。

手の各部位には意味があり、つながっている霊性もそれぞれ異なります。指先には、近い惑星からの霊的フォース（運命を決定する力）が選別されて受信され、しみ込んでいます。それが手の甲を通じて身体と霊的呼吸をしているのです。

指全体は、身近な人間関係と共鳴・呼応します。ですからその関係がある箇所に、痛みやけが、不具合などを感じるときは、そこにかかわる人の交流を少しでもよい感情になるようにすると、本来の能力がより向上していきます。

手のひらは、八卦という地球を取り巻く8つの気と反応し、さまざまな相、シンボルを表し、手のひらの中央に神事、手首中央は宇宙のことやその力に反応します。

手首の「龍穴《りゅうけつ》」から5本の指に向かって「氣」と呼ばれる生命力の見えない源泉である「手氣の五大大河」が流れています。その大河にのっとって線が出ていれば、人生の成功率は高くなります。たとえば小指の線に近いほど、芸術寄りで形のないものにかかわる傾向の分野、親指の線に近いほど、形のある大がかりなものにかかわるような分野を表します。この5本の線のどれかに自分の線がはっきりとのっているかどうかを見るわけです。

手相の解説は、本書の趣旨から外れますので、ここまでにしておきます。くわしくは、私の『強運招き寄せ手相占い』（２０２２）を参考にされるとよいでしょう。

神や人に見立てて形の相を観る

線が醸《かも》し出す相を観るということでいえば、太占《ふとまに》も同じです。

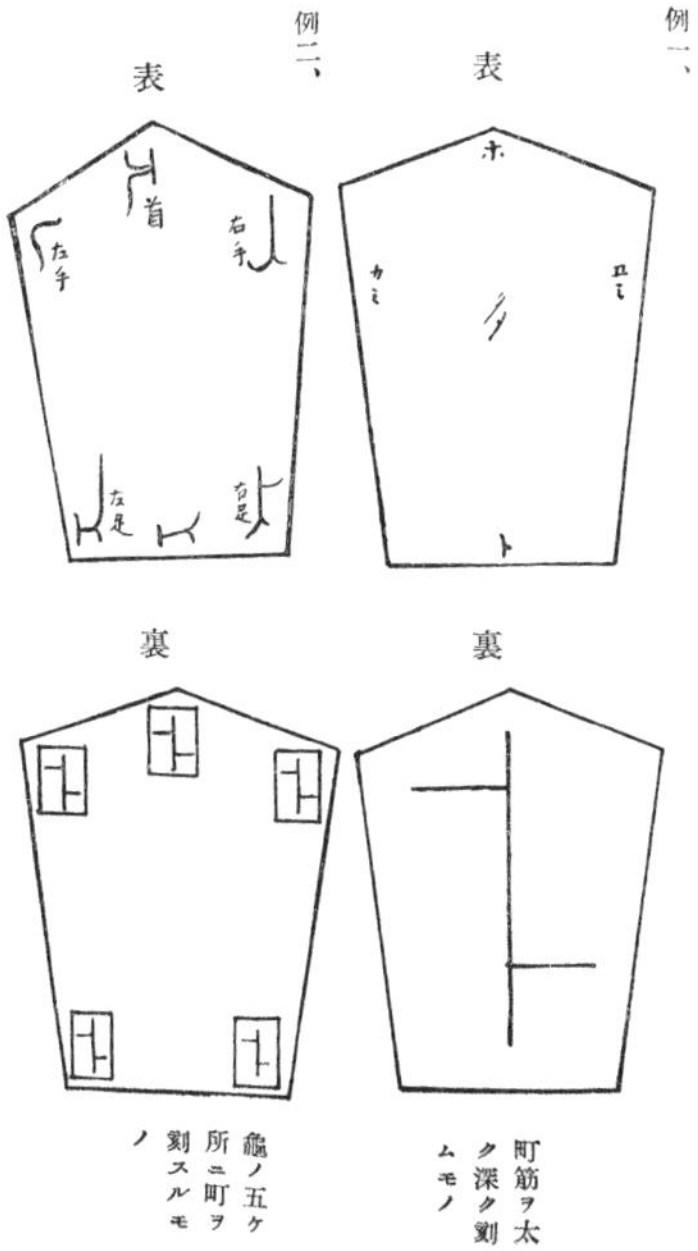

亀卜の判断法の例

手相がその人の心や霊性を知る術だとしたら、太占は神の心を知る占法です。「布斗《ふと》（刀）麻爾《まに》」とも書きますが、神慮に任せ従うという意味です。辻陳雄の『亀卜《きぼく》判断法』によると、昔は鹿の肩の骨を焼いて占っていましたが、いつの時代からか、亀の甲羅を焼いて占うようになったといいます。それが亀卜です。

図1

神語	配神	亀卜必具五行五兆（江次第）	
吐 ト	天御中主神	水 灌レ之	地 ト
普 ホ	高御産霊神	火 灼レ之	天 ホク
神 カミ	神御産霊神	木 立レ之	神 カア
咲 エミ	可美彦遅神	金 懸二水器一	人 エア
為 タメ	天常立神	土 撤レ之	物 タ女

図2

吐	普	神	咲	為
北	南	東	西	中央
地	天	神	人	心
水	火	木	金	土
玉	矛	鏡		
陰	陽	枝		
住處	頭	人の心	我心	胴
	行先	他の方		
女	男			

龜卜傳亦龜卜相傳秘事 （元禄辛巳五月吉日卜部兼魚）

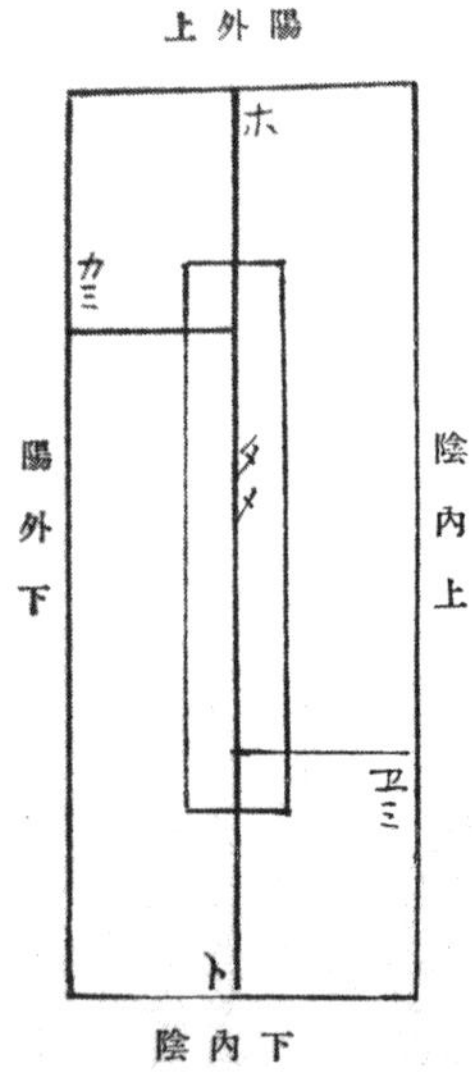

亀卜は、亀甲《きっこう》の表や裏に図のような線（筋）を刻んで「町」と呼び、焼いた後、その町にどのような裂け目やひびが入るかを見ることによって意味を判断し、神慮（神の心）を推し量ります。町の形には「卜」をふたつ上下に合わせたような形のほかに井桁の形や、5か所を首・右手・左手・右足・左足と見立てた形が刻まれることもあります。

焼いた後のひびや裂け目は神慮と共鳴して

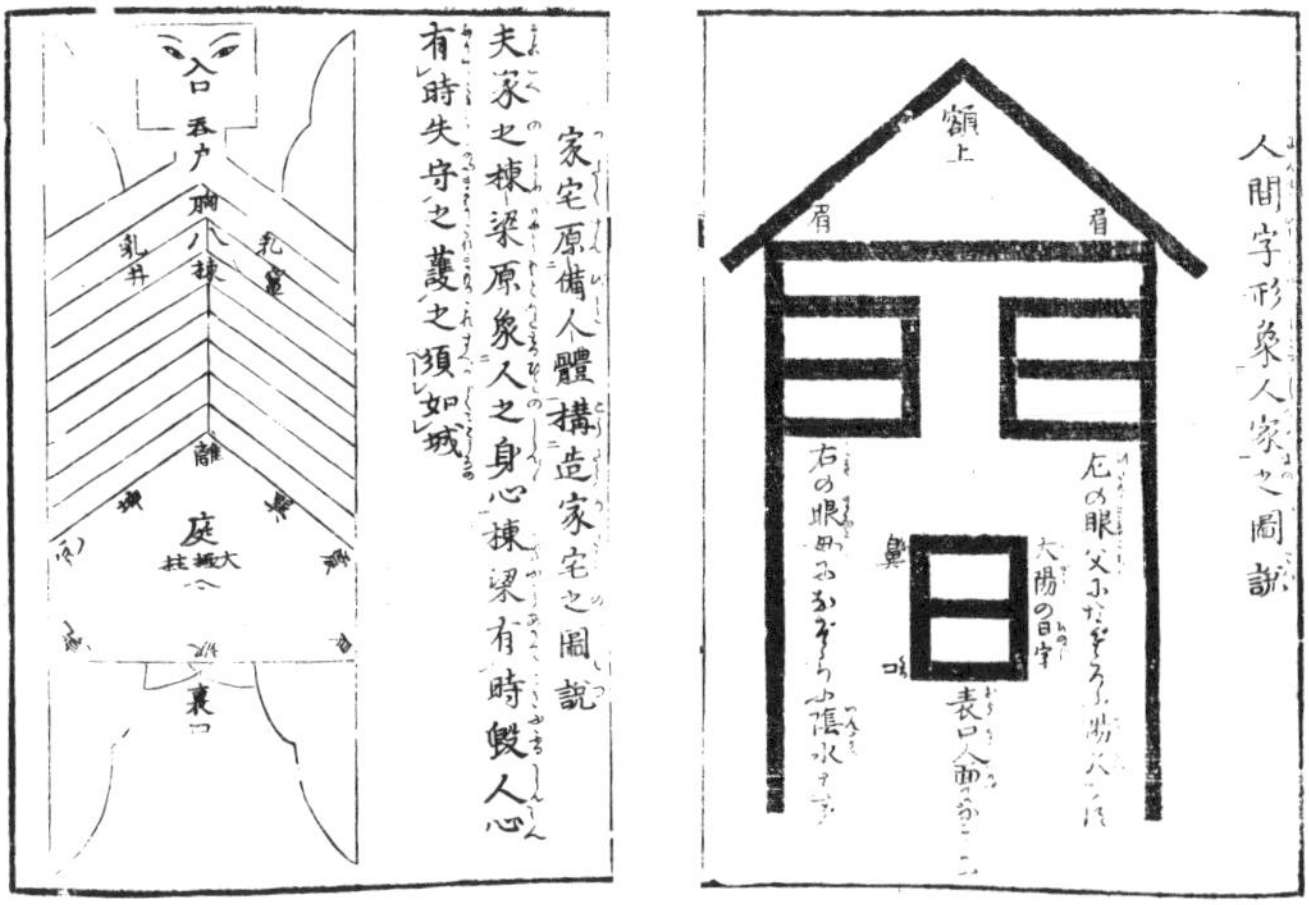

『家相千百年眼』に描かれた家相の観方

きた「意味のある偶然」とみなすわけです。

焼くという行為において、神の意志が現れてくる、言い換えると、神の心が表層化してくることが起こるのです。

その際の基本となるのは、吐《と》、普《ほ》、神《かみ》、咲《えみ》（「咲」と「笑」は字源が同じとされる）、為《ため》という神語の五語です。この五語はそれぞれ順番にアメノミナカヌシ、タカミムスヒ、カミムスヒ、ウマシアシカビヒコジ、アメノトコタチという五柱の神様と、水、火、木、金、土の五行と、地（北）、天（南）、神（東）、人（西）、心（中央）の五兆に対応します。それを表にしたのが図1です。五語は町形では、図2のように配置されます。

亀相の判定方法としては、焼いた後にできた長い裂け目を陰、短い裂け目を陽などとし、それらの陰と陽の裂け目が、五語のどのあたりに出るかによって、吉凶の兆しを判定したり、易の卦を出して状況を分析したりするのです。未来の出来事が特定の場所に相として出現すると考えるわけです。亀卜が亀の甲羅に五神や人間の形を配置して占いを立てたように、家相を人に見立てて、家の相を観る呪術もあります。梶田勘助が大正時代に出版した『家相千百年眼』を読むと、家に人間の額、眉、目、鼻、口など人間の顔の形を当てはめた図や上空から家を人に見立てた図が出てきます。家の構えに宿る相を、人間の顔つきや人体の構造に見立てることにより、家相を観るわけです。

描かれた庭には八卦が配置されていますから、卦をたてることで吉相かどうかを占ったのではないかとみられます。

山に見える鉱石の相

家にも相があるのですから、当然、山などの自然にも相が現れます。

具体例を見ていきましょう。主に江戸時代の出羽国《でわ》（現在の山形県と秋田県）において、親子5代で200年以上にわたり鉱山学を極めて山相学を開いた佐藤家という一族がいました。彼らは代々、諸国を遍歴《へんれき》して鉱山学や土壌学を学びながら、実際に深山・岩麓を探り鉱脈がどのような場所にあるかを探してきた一族で、佐藤家の家学中興の祖とされる3代目の佐藤信影が『山相秘録』など鉱山および精錬に関する多数の著作を残します。

4代目がこれらの著作に注解を加え、5代目の佐藤信淵が総括的に校正して、家学を集大成しました。その中で一番有名なのが深山に分け入り、山の相を見つけ、鉱脈を発見するという『山相秘録』だったわけです。佐藤家はこの秘録を使って、多数の鉱山を発見、多数の門弟を養成したとされています。

この本には、鉱石の取り出し方や精錬法などが書かれていますが、一番興味を惹かれるのは、山には相があり、その相から目的の鉱脈を探し当てることができるのだと書かれていることです。その山相を観る方法は次のとおりです。

①諸峰の中で最も高くて大なる山（太祖）を探す。
②太祖は必ず真北からその北面を観る。
③観測点は麓《ふもと》から200メートルほど離れた場所がよい。
④6～8月のあいだ、雨が上がった後の晴天の日に観る。
⑤時間は午前10時から午後2時までのあいだが良い。

この5つの条件がなぜ必要かというと、この時期であれば、雨も多く、晴れれば山から霞光《かこう》や瑞靄《ずいあい》という山の本体から蒸発する精気が増えるからだと書かれ、その精気が出る山が鉱山だといいます。また、山の北面を真北から見るのは、南面はいつも太陽が当たるので、その照射熱で精気が出にくくなるからだとしています。ここまでが最初にやるべき「遠見法」です。

蒸発する精気を見つけ、鉱山であることがわかったら、昼間精気が出ていた場所を覚えておいて、次に夜間において、同じ場所を観ます。中夜望気の法と名付けられたその方法は、月の

鉱物の精気の形色一覧

金の精気	黄赤色の金光で、初めに土中より発生するときは、その勢いは火砲が打ち上がるようで高さ30メートル近くまで立ち昇る。そこで花火のように開いて花形となり、花弁は必ず8つある。しばらくすると、空中に消え、あるいは稀(まれ)に飛び去っていく。俗にこれを金魂と呼ぶ。砲火に似ているといっても、火の光とはまったく違う。
銀の精気	青発色の銀光で、最初に発生するときはまるで煙のようである。少しのあいだ、雲の中に龍がいるような形となって30～60メートルほど上昇すると、最後は昇天するかのように空中に散っていく。稀(まれ)に最初に生じるときに「声」を聞くことがある。
銅の精気	紫・青・黄・白など縞模様に混じった気が、たちどころに25～30メートルほど上昇し、まるで虹のようだが、幽(かす)かにしか見えない。
鉛の精気	黄白色の煙のようで、これも発生するときはまたたく間に上昇する。幽かにしか見えないが、煙のように消えてなくなることはなく、風にさらされて次第に細くなり、最後には糸のようになって消える。
錫《すず》の精気	淡紅色で霧のようである。遠くに見える村の桃の花盛りを眺望しているのに似ている。しばらくのあいだ、徐々に高く昇り、次第に淡くなって、最後には風に逆らって風上のほうになびいて消え失せる。

『山相秘録』の「夜中金山の精気を望む図」

ないよく晴れた夜を選び、今度は金なのか銀なのか、あるいは銅、鉛、錫《すず》なのかを見定めるのにその山に含有する諸金属から蒸発する精気を観るわけです。

その諸金属から発せられる精気は、色や形がそれぞれ違うと著者はいいます。「金の精は華のごとく、銀の精は龍のごとく、銅の精は虹のごとく、鉛の精は煙のごとく、錫《すず》の精は霧のごとし」であると書いています。また、金銀銅の精は、高く昇るものは60メートルを超え、鉛の精は風に従い、錫の精は風に逆らうそうです。それらをまとめたものが表「鉱物の精気の形色一覧」です。山が隠し持っている各鉱石の心の部分が光ると解釈できると思います。

おそらく佐藤家が代々見続けてきた鉱物の精気とは、今日私たちがいうところの自然界のオーラのことです。佐藤家が描いた山相の図を見ると、そう感じます。山相の見え方は人間やモノが発しているオーラの見え方に非常によく似ているのです。実際、山の相や鉱物の相がオーラの性質に似ており、それがモノの心と密接にかかわっているわけです。

オーラの話は後でするとして、次に紹介する幽霊もある意味、過去の人間の「相」といえるのです。つまり亡くなった人の心です。

幽霊の相「霊的DNA」を考える

NHK技術研究所に勤務、受信機の研究に従事していた内田秀男（1921〜1995）はある夜、仰天するような摩訶《まか》不思議な出来事を体験します。それまでまったく信じていなかった幽霊を見たのです。しかも自分の亡き母の姿の幽霊でした。

それは1953年4月28日の真夜中のことでした。その1時間前くらいに寝ていたのですが、胸のあたりが重くなり、息が苦しくてどうにもならなくなり、その重さは腹から足のほうまで広がっていたので、とうとう目を覚ましました。するとどうしたことか、彼が寝ていた室内の天井、壁、ふすま、柱といったすべてのものが、蛍光体の発光状態と同じようにボーッと蛍光を発していたのです。

しかし、異常はそれだけではありませんでした。自分が寝ている足元付近に、7年前に亡くなった自分の母親の上半身の立っている姿が、色彩こそありませんでしたが、蛍光体の発光色で見えたのです。どこから見ても、間違いなく自分の母親の顔でした。あまりの驚きでパチッと目が覚めると、なおさらはっきりと母親の上半身の姿が浮かび上がってきました。

内田はガバッと起きるや、「デェターッ」と大きな声を上げて、隣に寝ていた妻を揺り起こしました。ところが、大声を上げた途端に、母親の姿はスーッと消え失せたのです。彼の妻が「どうしたの？　何が出たの？」と起きてきたときには、室内全体の蛍光発光状態も消えて、真っ暗闇の状態に戻っていたそうです。

自分がまじまじと見た母親の幽霊はなんだったのか――。あるはずのないモノを見てしまった内田は以後、霊や人間のオーラといった超常現象の研究に傾倒していきます。それまでは歯《し》牙《が》にもかけなかった心霊写真も次から次へと撮影できるようになります。そこで彼はＮＨＫ技研をやめて、内田ラジオ技術研究所を創設、受信機技術を指導したり、受信機用部品などを販売したりする傍ら、電気的に心霊現象を説明しようと試みて、オーラ測定器などの開発を手がけました。

その研究の中で内田は、霊能者が1本の髪の毛からその人の顔や姿、特徴をいい当てることに発想を得て、幽霊に関して興味深い結論に到達します。人間の「霊魂」の記録を秘めたホログラム的因子が存在するかもしれないという仮説です。たとえば、人体を構成している223個の骨のどの一部分、あるいはどの細胞の一部分でも、その人の全体の記録が刻まれており、その一部分から全体像がわかるような仕組みがあると想定したわけです。それは「霊的なDNA」あるいは「霊性因子」と言い換えられるかもしれません。

そのような「霊魂のホログラム的因子」に、北斗七星のエータ星の方向からあたかも風のように吹いてくると考えられる正体不明の謎の輻射線《ふくしゃせん》エネルギーが照射されるとき、写真や目に写る画像に異常なひずみを起こさせる現象、つまり霊像（幽霊の相）が再現されるのではないかと仮定したのです。

細胞の心に秘められた霊的情報

内田氏の仮説は、霊的な情報が畳み込まれたホログラム的因子があるとした点で、非常に真実に近いように思われます。

確かに優秀な霊能者は、髪の毛1本でその毛髪の持ち主の顔や特徴がたちどころにわかるというサイコメトリー能力を持っています。それは髪の毛一本一本の細胞に残留思念ともいえるような「心」が宿っており、相があるからです。

それは霊能者がオーラを見るときに起こる現象でもあります。というのも、人間のオーラを能力者が見ると、そこに結集している細胞ひとつひとつのメッセージの集合体に見えるからです。その人の肉体が、ひとつひとつの細胞の心が集まった集合住宅、マンションのように感じられます。

もう少しくわしく説明すると、人間のオーラを見ると、人間の中心から渦を巻くようにして四方八方にオーラの繊維の管が無数に出ているのがわかります。それが光背《こうはい》のように輝いています。その束のような光は「光輝的繊維」ともいえるようなもので、それが渦を巻いているように見えるのです。

その渦の巻き方も多種多様です。その渦巻きが激しくなるときがあるかと思えば、大きくなるときもあります。そのときによって変化するのです。その管が折れ曲がっているところは、その体の場所に何か異常がある場合です。

注意深く見ると、その「光輝的繊維」はそれぞれの人間の細胞のひとつひとつから発せられているのに気づきます。細胞のひとつひとつが、そもそものような「霊線」を発しているのです。

オーラの見え方の一例

天使型

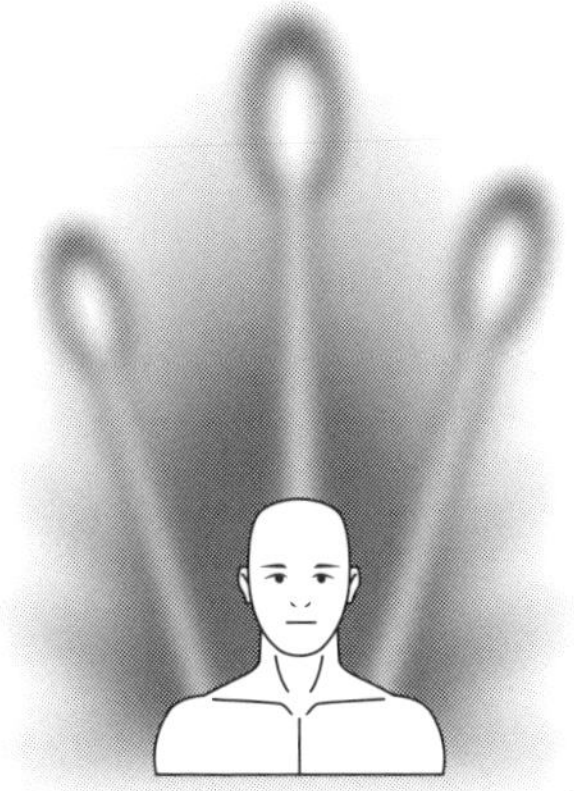

霊感型

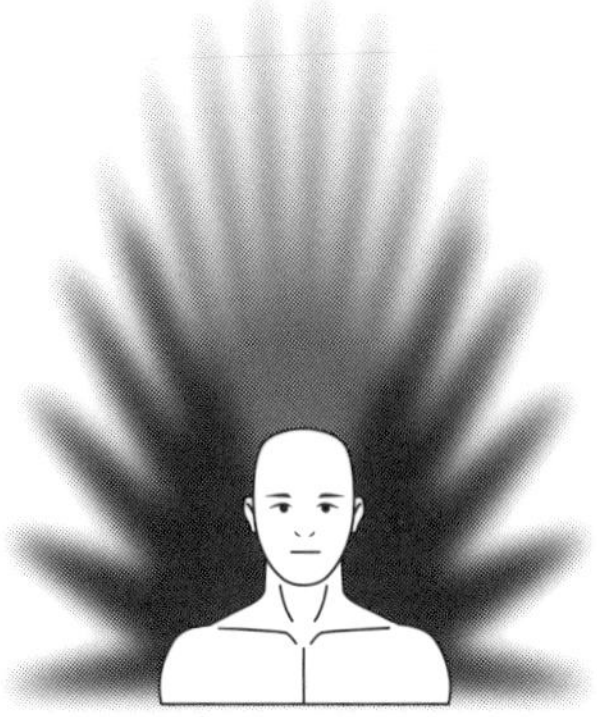

自己主張型

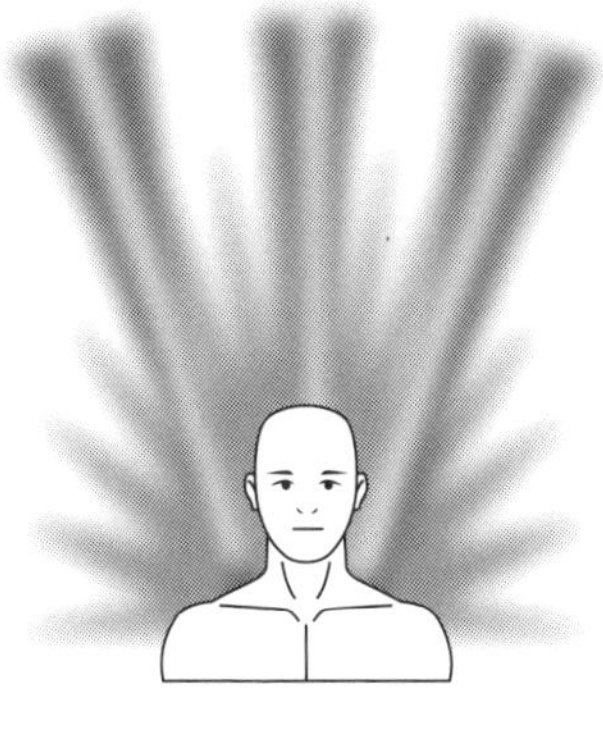

不規則型

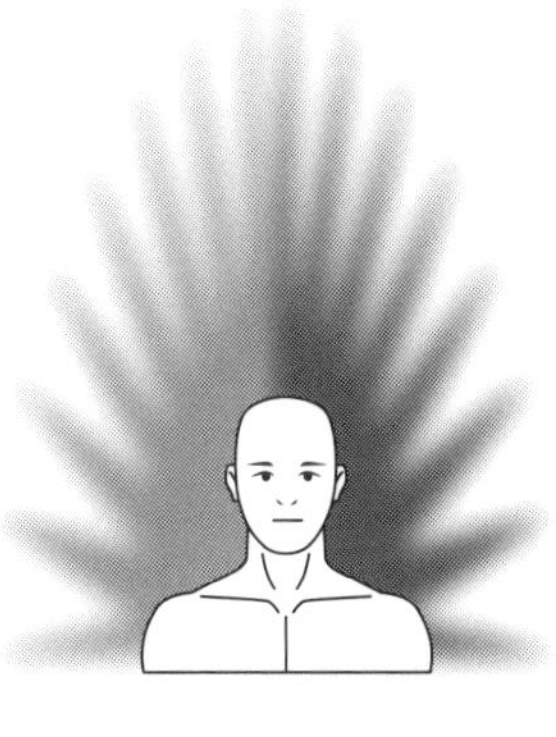

霊線の長さは不揃いなのですが、その霊線の延長線上にその細胞にかかわる霊的な存在の顔が見えたり、記憶の部屋が見えたり、さまざまな霊的な映像が現れたりします。オーラの霊線の延長上にそれらの映像が見えてくるのです。

ですからその人のオーラにアクセスすると、万華鏡のようにたくさんの映像が見えてきます。膨大な量の情報が霊線にはあるので、余分な情報はできるだけ排除する必要があります。だから見るほうは、きちんと目的をはっきりと持って見る必要があるわけです。そうでないと、枝葉だけの表層的な情報でとどまってしまうのです。

見るほうとしては、何かに関心を持ってその人の霊線を見ていけば、自然と関係のある映像が見えてくるというような現象が起こります。必要な霊的な情報ラインがそこに出てくるのです。私たちはレコード針をレコードに落とすように、どの線につなげば何が見えるかをじっくり見ていけばいいわけです。

顔に浮かび上がる他人の情報

この能力を応用して、顔に浮き上がる画像（顔相・画相）によってその人物を透視する術を編み出したのが、昭和の時代に観相術家として一世を風靡《ふうび》した亀田一弘《かめだかずひろ》（1896〜？）です。

亀田は1927年に偶然、透視能力に目覚めました。きっかけは、地元大阪の商家で面白い言い伝えがあることを聞いたからです。その言い伝えによると、若いお嬢さんが将来の夫の姿が見たいと思うならば、真夜中の午前2時ごろ、うす暗い中で手に鏡を持って、自分の顔を映しながら、そろりそろりと、階段を後ろ向きで降りるのだといいます。すると、手に持っている鏡の中に、自分の顔に重なって未来の夫の顔が現れるというわけです。

さっそく亀田が、昼間であったにもかかわらず、試しに机の前に座って鏡の中に映る自分の顔をジッと睨《にら》んでいたところ、なんと5～10ミリくらいの大きさの3人の立ち姿が自分の顔の右頬あたりに浮かび上がったということです。

人間の顔の相に、自分と関係のある人物の姿や顔が現れることを知った亀田は、これを人相術に応用、経験に経験を重ねて、顔のどの部分にどのような意味の画相が現れるかを丹念に調べ上げ、1933年にそれをまとめた『量亀流透《りようかめりゆうとう》視《し》観相鑑《かんそうかがみ》』を発刊しました。

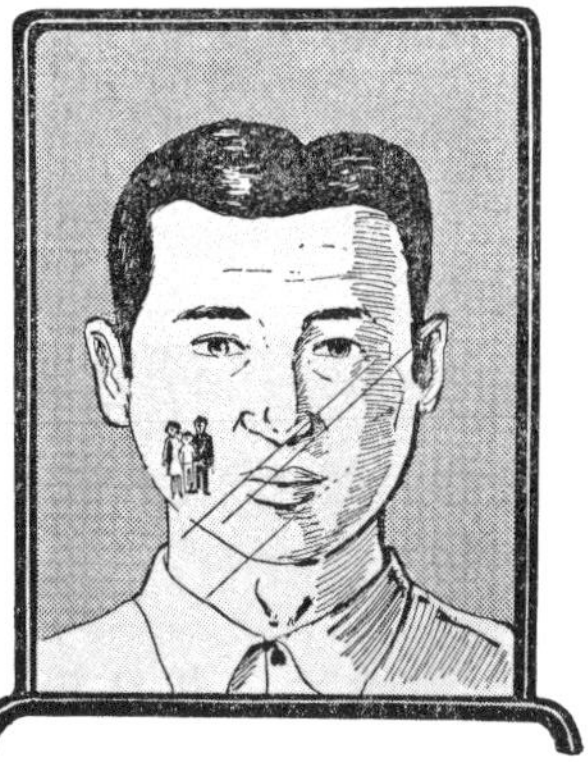

亀田の顔に浮かび上がった3人の人物

その一例を挙げると、ある婦人の顔の画相を見たところ、彼女の長男とともにカフェで働く21～22歳の女給が現れました。長男は女に入れあげて、反物などの物品を買い与えるなどして金銭を使い果たしたのですが、その女にはほかに情夫がいる光景が現れます。しかも女の心の中に思うことも、よろしくないこともわかったそうです。その画相が図1です。

母親には長男に訓戒するよう勧告したところ、後日、

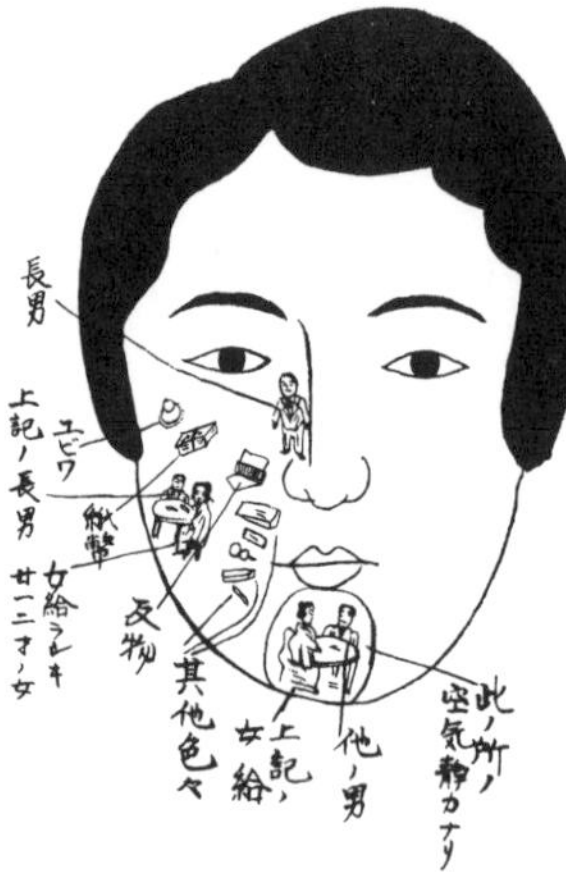

図1　金銭を使い果たした長男

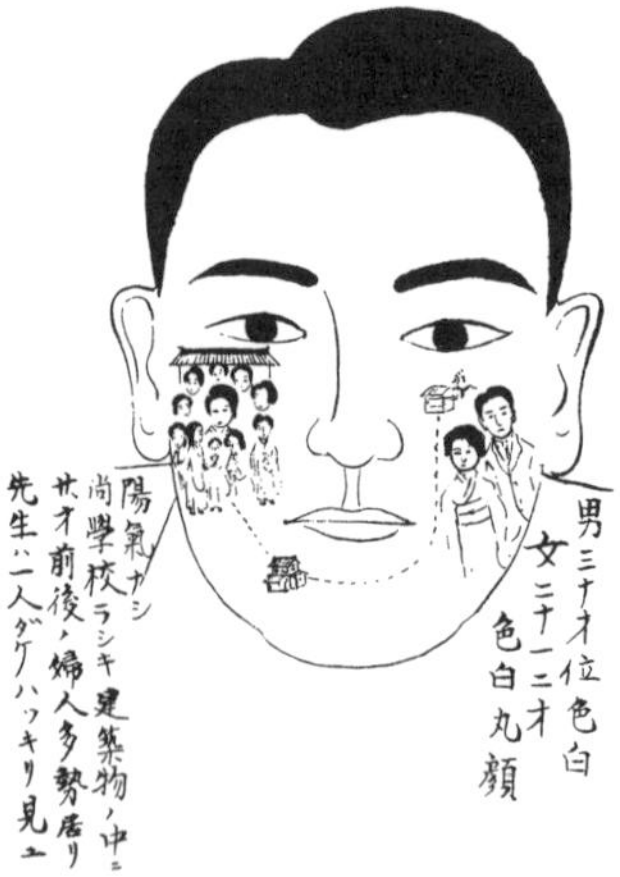

図2　家出した娘とその夫

その長男が直接、亀田のところにきて、事情を再度説明したところ、長男は認めて、自分の非を改めたと同書に書かれています。

また別の例を挙げると、娘とその夫が家出して行方不明になったので探してほしいという夫妻の夫の顔の顔相を見たところ、30歳くらいの色白の男と21～22歳の色白で丸顔の女の画相が左頰に現れ、千葉県から近くの東京の技術学校らしきところに徒歩で通勤している姿が見えたといいます。そのほか住居や勤め先とみられる場所も出てきました。その画相が図2です。その情報を基に夫妻が勤め先で両人と面会し、事件を解決することができたと亀田は書いています。

こうした亀田の画相術は、その後評判となり、ラジオ、テレビ、雑誌などで紹介されるなど一大センセーションを巻き起こしたわけです。

おそらく亀田が見た画相は、オーラの霊線「光輝的繊維」の先端ひとつひとつに浮かぶ相と同じものです。顔の細胞のひとつひとつに霊的な情報が相として宿っているわけです。亀田によると、それらが過去の画相か未来の画相かも、その現れ方によって見分けることができるようになるといいます。そして何よりも、感性を磨くと誰もが見えてくるものなのだと亀田はいいます。

そのくわしい透視術の方法は、亀田が著した『透視術入門』（虹有社刊）に記されていますが、要約すると、小我を捨て、欲を離れ、自他の意識や環境すらなくし、自分の中に内在宇宙を発現させて大自然の太霊と交流、共鳴させると、画相を自由自在に見て判定できるようになる、としています。

霊的な見え方には10段階がある

部分から全体がわかるというのは、万物の霊性の特徴であるといえます。たとえばオーラは、自分のすべての霊的情報が畳み込まれた霊界因子がひとつひとつの細胞の心の中にあり、それが霊線の先に画像として現れるわけです。同様に、よく写真などに光の玉として写り込むオーブと呼ばれる霊界因子も、その因子に意識を向けると、そこに映像が見えてきます。それが七福神であったり、龍であったり、トトロのような妖怪だったり、羽の生えた妖精だったりするわけです。

龍や七福神があのままの形と性質を持ちながら今でも見えるということは、昔の人にも同じよ

岐阜県・位山（くらいやま）の蔵立岩（くらたていわ）で撮影したオーブ　（布施泰和）

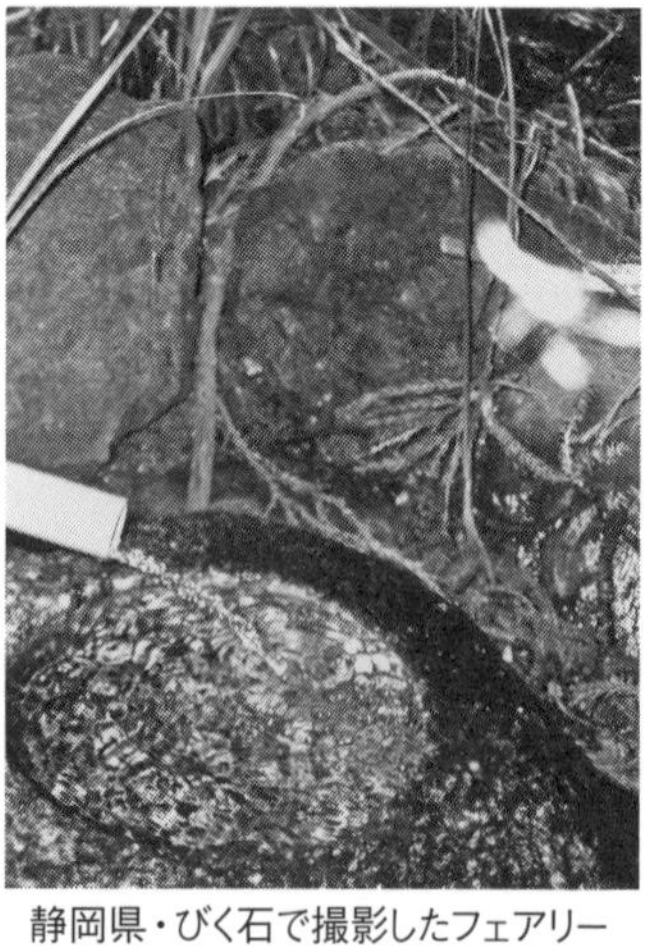

静岡県・びく石で撮影したフェアリー（写真右上）　（布施泰和）

著者（秋山）が見たフェアリーのスケッチ

うに見えたのだなということがわかります。大昔から現在に至るまで、そうした霊的な存在が目撃されているからこそ、龍や七福神の伝承が残されたのではないかと思っています。

こうしたホログラム的な霊的映像はだれもが見えるはずですが、正確に読み取っているかどうかについては精査が必要です。読み取る際にどうしてもその人が持っている先入観や偏りがあると、不要な映像も見えてしまうからです。

1921（大正10）年に心霊哲学会が出版した木《き》原《はら》鬼《き》仏《ぶつ》の『霊明法講授秘録』によると、人間の心の状態を霊的に見ると、その人物の修養に応じて10段階の形があると説いています。オーラとは関係なく、それぞれの人間の霊性には形があるというわけです。それが「十霊線の図」として、紹介されています。

第1段階（図の表記は「階段」）では、「霊線」（注：前項で使った「オーラの霊線」とは意味が異なる）が混乱し絡み合って雲のような状態になっており、両端はつながっておらず、先端は鈎《かぎ》型になっていると木原はいいます。第2段階では、雲のような状態はなくなりましたが、「霊線」は依然としてギザギザの部分が付いており絡み合っています。第3段階になると、「霊線」自体はすっきりしてきますが、ところどころ絡み合っています。

第4段階になると、絡み合わなくなりますが、縞模様のようないびつな形となります。第5段階では鈎《かぎ》型の先端は依然として迷走し、第6段階でようやく「霊線」の両端はくっつきます。さらに第7段階でアメーバのような形を形成しはじめ、第8段階でパンのような形になって円に近づきます。第9段階では完全な円になり、第10段階において「霊明光」を放射する真円になるというわけです。

人間の霊性の形だけでも、これだけの段階があるのです。それぞれの段階においてそれぞれの形をした霊性というフィルターをとおして見れば、自分の霊性の形の影響を受けて、霊的な画像もゆがめられる可能性が高いわけです。

子供のときに、植物の形を霊的に見たときに、やはり階段状にカクカクとした線になりました。植物の生え方は、成長と停滞を繰り返しますから、霊の形もそうなるわけです。本当にそ

十霊線の図

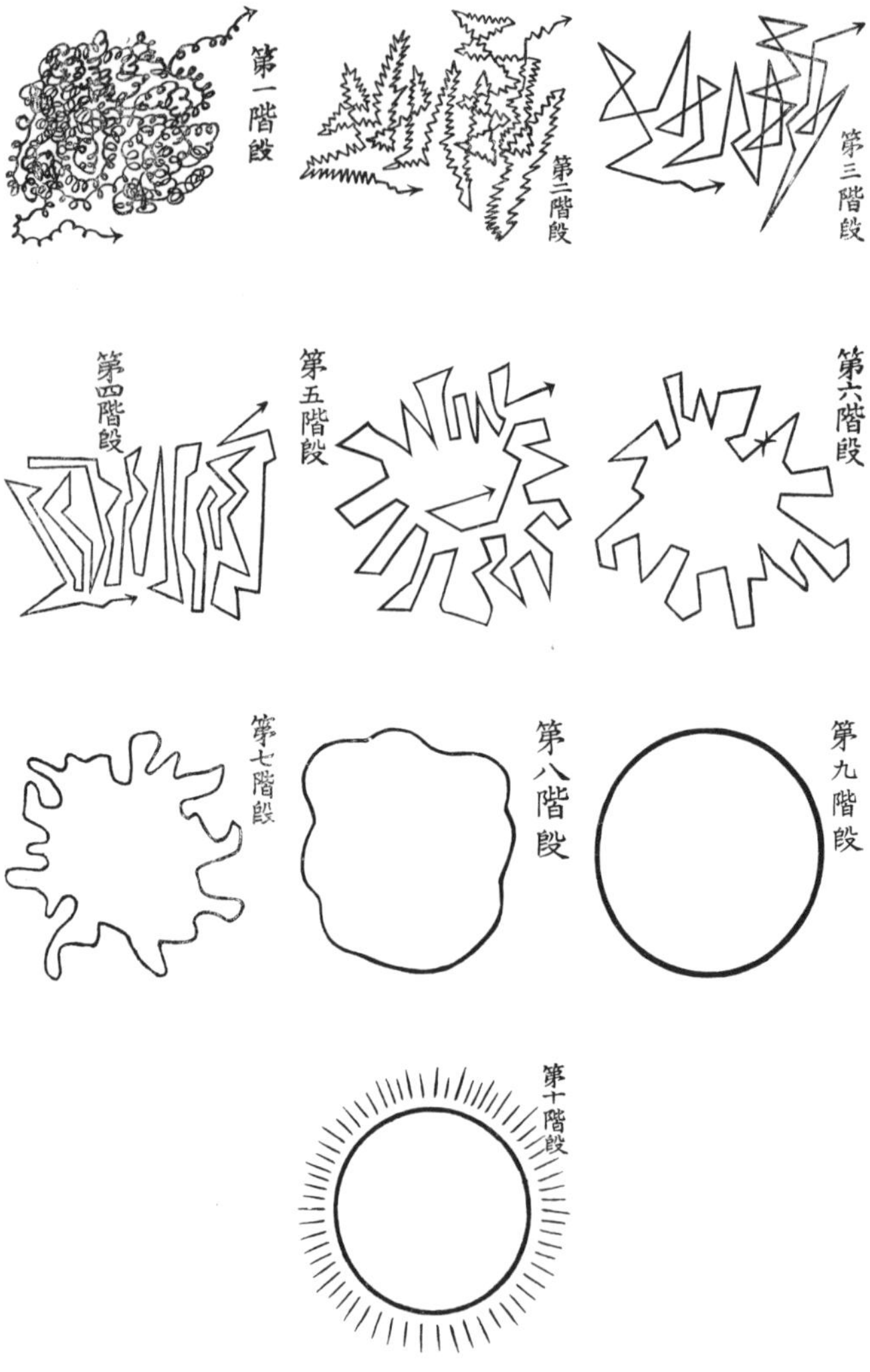
第一階段
第二階段
第三階段
第四階段
第五階段
第六階段
第七階段
第八階段
第九階段
第十階段

ういう線にしか見えませんでした。

動物によって霊の形が違うし、神社によっても霊の形が違います。それをシンボルといってもいいのですが、やはりモノの命には形があるのです。それがはっきりとわかりました。

木原は瞑想の結果として、「十霊線の図」に示したように人間の霊性が10段階の形に見えたといいます。面白いことに、その見え方は、人を霊視をする際の霊性の見え方と似ているのではないかと思われます。

霊視をすると、最初はぐちゃぐちゃした線に見えますが、やっているうちに正しい形が見えてくるのです。最終的には人間は丸く見えてきます。それが本来の人間のあるべき霊的な形なのです。

霊的に何か浮かんだから見えるというのは、だいたい正しくありません。何かの先入観を受けている形に過ぎないのだということに留意しなければなりません。ですから木原がいうように、10段階の形があるのだということを認識しておくことが非常に大切です。

肉体の霊の形を正しく見るにしても、これくらい研ぎ澄まされていかないと、本当に見たとはいえないということを深く心に刻んでいただきたいと思います。

天源《てんげん》淘宮《とうきゅう》術《じゅつ》と「心の形」

人間の心がひとつひとつの細胞の心の集合体であると考えたときに、人間は12の性質の集合体であると説いた「天源淘宮術」は大いに参考になるはずです。この淘宮術は、徳川家康の指南役として江戸の設計にもたずさわったとされる天海大僧正《てんかいだいそうじょう》が秘密裏に残したといわれている成功哲学です。

それによると、人間の心の中には十二宮の形・性質があるといいます。具体的には、地、結《けつ》、演《えん》、法《ほう》、奮《ふん》、止《し》、合《ごう》、老《ろう》、観《かん》、堕《だ》、煉《れん》、実《じつ》の十二宮で、それぞれ「臆病で細かく考えてしまう性質」＝地、「強情で何が何でも通そうとする性質」＝結、「見栄っ張りで勢いすぎてしまう性質」＝演、「豊かさに甘んじて、ついいい加減になる性質」＝法、「野心が強く、無理やり勝とうとする性質」＝奮、「狭量ですぐ嫉妬する性質」＝止、「うぬぼれ屋で自分を見失ってしまう性質」＝合、「あまりに考えすぎて実行できない性質」＝老、「自尊心が強く常に認められたいと思う性質」＝観、「ぶりっ子で小ずるい性質」＝堕、「自慢したがり屋でつい話を捏造《ねつぞう》してしまう性質」＝煉、「独断で突っ走る性質」＝実、という性質があります。

この12の性質がひしめき合っているのが人間なのです。どれかひとつでも暴走すると、人間の心の形は歪み、棘《とげ》があちらこちらから出て、バランスを崩すことになります。それはまさに木原が描いた「十霊線の図」のような形です。バランスがとれていないうちは、「霊線」は迷走し、絡み合い、棘のようにあちらこちらに出っ張ります。そしてバランスが取れて初めて文字どおり「円満」に丸くなるということではないでしょうか。

言霊・音霊で神秘の力を呼び覚ます

「ウアワ」の3音は造化三神《ぞうかさんじん》そのもの

最後に「言葉や音に宿る心」について説明しましょう。これが言霊であり音霊です。すべての言葉や音にも霊性が宿っているのです。

たとえば、戦前、安井洋という医学博士が言霊を心理学的に解釈した『日本語源の心理的解釈』によると、「あ」という言葉には「開く」という意味・呪力が隠されていると解釈しています。戦後、言霊学を広めようとした松下井知夫《まつしたいちお》らが書いた『コトバの原典――アイウエオの神秘』によると、「あ」には「天」や「無限」の意味・呪力が秘められていると書いています。

確かに「あ」には、宇宙に向かって心を開くと無限の力が降ってくるような感覚を覚えます。同様に彼らが書いているように、「う」は動くとか浮くといった霊性が、「わ」には和や輪という意味の霊性が、「ひ」には閃《ひらめ》き、光、熱といった意味の霊性が宿っているように感じます。そのように心に響くわけです。

このようにすべてのひとつひとつの言葉には心があります。そしてこの宇宙においては、一音一音が持つ言葉や音の霊性の組み合わせによって、言葉とモノの共鳴現象を引き起こし、目的に応じた力を引き出したり霊性を呼び寄せたりすることができるようになっているのです。

言霊は非常に奥が深い研究テーマです。戦後、その言霊学を深め、言葉にどのような性質があるかを明らかにするとともに、モノに宿る心を言霊でどう表現するかを探求した言霊学の研究者が小笠原孝次（1903〜1982）です。彼は戦後、皇学研究所を設立して『言霊百神』『言霊精義』『言霊開眼』などの著作を残しました。

小笠原は宇宙のはじまりには混沌《こんとん》、そして空《くう》があり、そこに陰儀と陽儀という陰陽の両儀が現れたといいます。日本神話では、陽儀は主体でタカミムスヒ（高御産巣日神）とされ、陰儀は客体でカミムスヒ（神産巣日）となるわけですが、彼は、陰陽の両儀として現れた始原の内容を「ア（吾）」＝陽儀と「ワ（我）」＝陰儀と名付けます。このアとワに、太極であり総エネルギーともいえるアメノミナカヌシを意味する「ウ」を合わせたウアワの3音が造化三神（古事記において、世界のすべてのもののもとをつくった三柱の神々）となります。この3音は宇宙に初めて生まれた言葉であり、人間が発見した最初のロゴスの名であると彼はいいます。

さらに、主体アはウアオエの4つの陽儀の母音に、客体ワはウワヲヱの4つの陰儀の半母音に分かれます。これが易の四象《ししょう》（陰と陽の4つの組み合わせである小陽＝春、太陽＝夏、小陰＝秋、太陰＝冬）に相当するわけです。

言葉に神の心が宿り、万物が活動を始めた

このままでは現象として何も現れませんが、この四象の中核にこれを刺激して、これと結合

して心象と現象を生んでいく生命の萌芽《ほうが》が発生します。これを「葦牙《あしかび》」といいます。おそらく『古事記』で造化三神の後に出現したウマシアシカビヒコジ（宇摩志阿斯訶備比古遅神）は、この働きをつかさどった神名とみられます。

四象の中核を刺激したアシカビには、生命を刺激する8種類の力がありました。易でいうところの坎艮震巽離坤兌乾の八卦なのですが、小笠原氏はそれを独自に解釈して、人間の言語の相を表す宇宙生命の八律という意味で「八つの父韻《ふいん》」と表現したうえで、先天八父韻をチ、ヒ、シ、キ、ミ、リ、イ、ニとして、後天八父韻を創造T、収納K、整理M、啓発H、浸透R、成熟N、繁栄Y、調和SのTKMHRYNSと想定します（タ行、カ行、マ行、ハ行、ラ行、ナ行、ヤ行、サ行の頭文字と見ることもできます）。

そしてこの8種類の父韻の響きが母音と結合して32の子音が生まれ、父韻が永久に子音（現象）の性質を決定するのだと説きました。

小笠原の言霊理論をまとめた図が図1〜5です。図4のタカマハラナヤサは後天八父韻のTKMHRYNSと対応しています。

父韻と母音とが結びつく際、万物の父母を結びつけて、親としての協同の働きをおこなう、もうひとつの実在が「イ（ヰ）」であり、創造者の意志あるいは造物主そのものだと小笠原氏はいいます。図5の扇の要に、奥義として「イ」と書かれているのはそのためで、「震動である生命活動はまずこの創造者の意志（イ・ヰ）の段階において奥底に発現し、その律動を他の4つ

図2

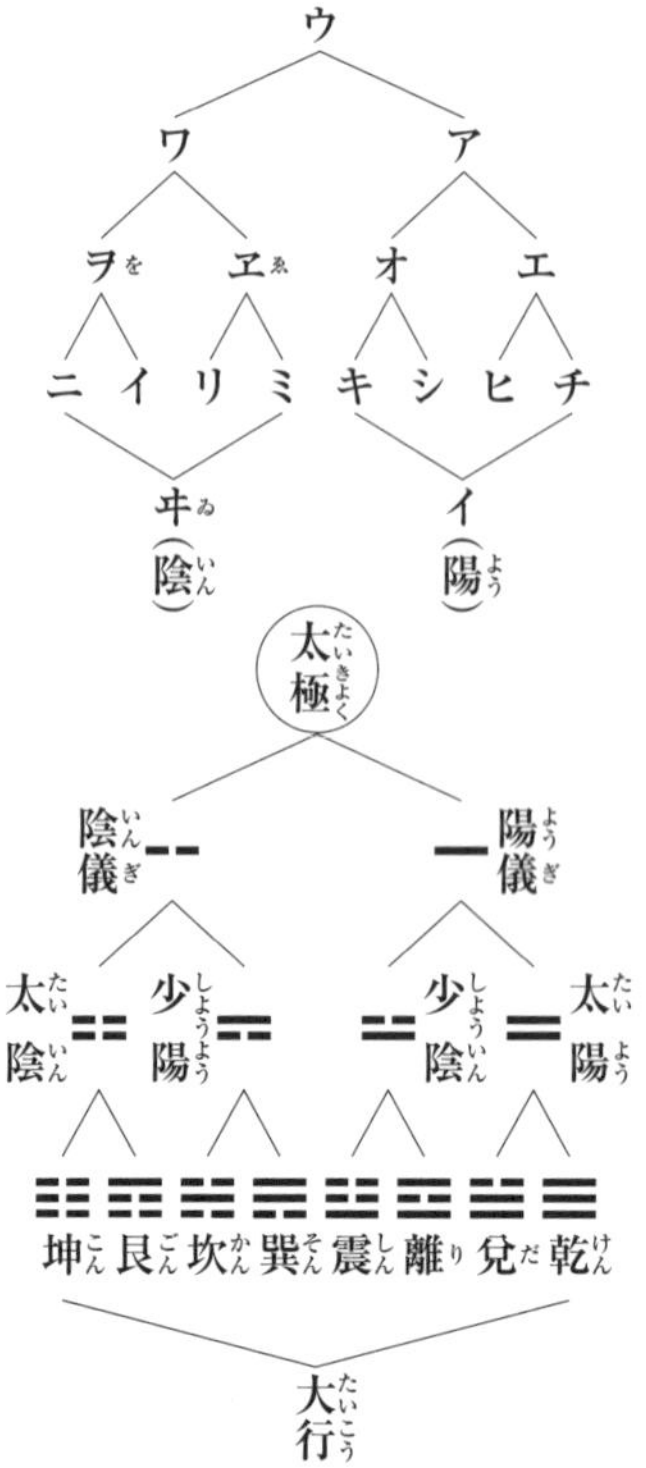

図1 天地開闢《てんちかいびやく》

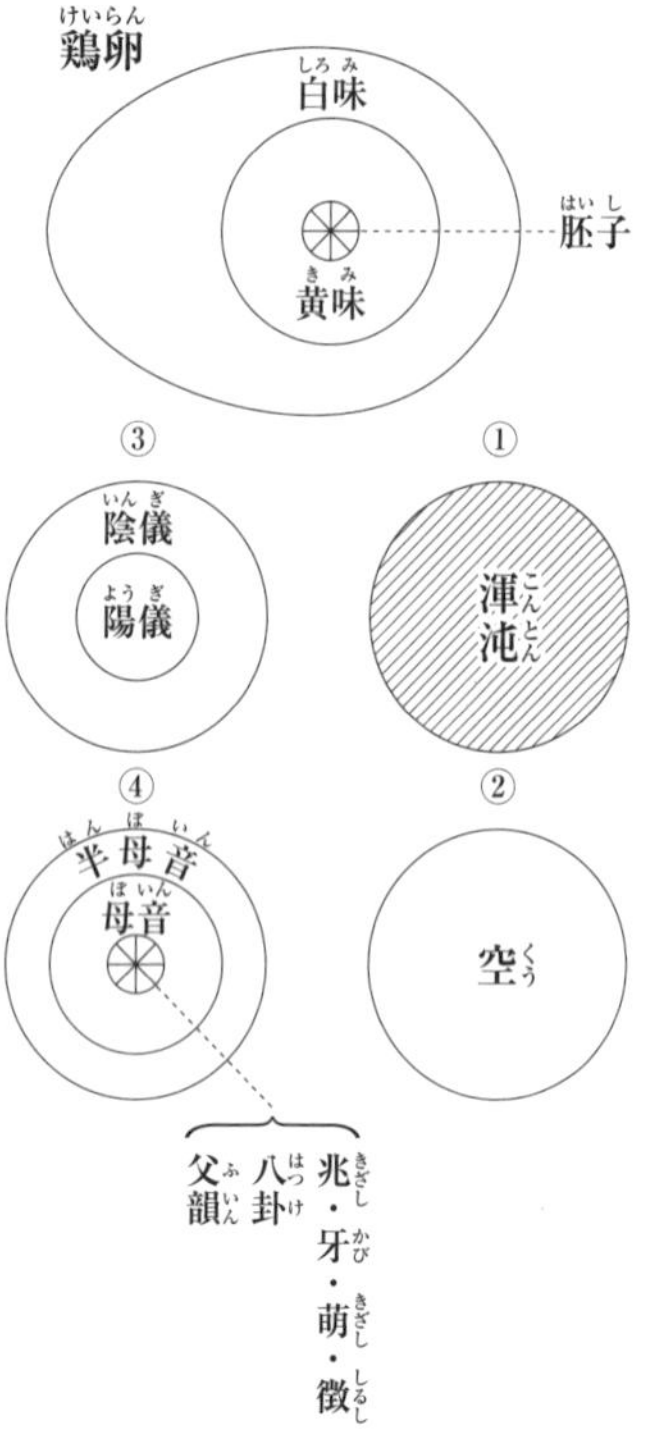

図3 父韻《ふいん》(先天《せんてん》・胎蔵界《たいぞうかい》)

チ 宇比地邇神《うひぢにのかみ》

イ (妹《いも》)須比智邇神《すひぢにのかみ》

キ 角杙神《つぬぐひのかみ》

ミ (妹《いも》)活杙神《いくぐひのかみ》

シ 大斗能地神《おほとのぢのかみ》

リ (妹《いも》)大斗乃升神《おほとのべのかみ》

ヒ 淤母陀流神《おもだるのかみ》

ニ (妹《いも》)阿夜訶志古泥神《あやかしこねのかみ》

図4　後天八父韻《こうてんはちふいん》（天津太祝詞《あまつふとのりと》）

ア	タ	カ	マ	ハ	ラ	ナ	ヤ	サ	ワ
（陽儀《ようぎ》・主体《しゅたい》）	創造《そうぞう》	収納《しゅうのう》	整理《せいり》	啓発《けいはつ》	浸透《しんとう》	成熟《せいじゅく》	繁栄《はんえい》	調和《ちょうわ》	（陰儀《いんぎ》・客体《きゃくたい》）

先天八父韻《せんてんはちふいん》（天津菅麻《あまつすがそ》）

チ	イ	キ	ミ	シ	リ	ヒ	ニ
宇比地邇神《うひぢにのかみ》	（妹《いも》）須比智邇神《すひぢにのかみ》	角杙神《つぬぐひのかみ》	（妹《いも》）活杙神《いくぐひのかみ》	大斗能地神《おほとのぢのかみ》	（妹《いも》）大斗乃升神《おほとのべのかみ》	淤母陀流神《おもだるのかみ》	（妹《いも》）阿夜訶志古泥神《あやかしこねのかみ》

図5　奥義（扇）

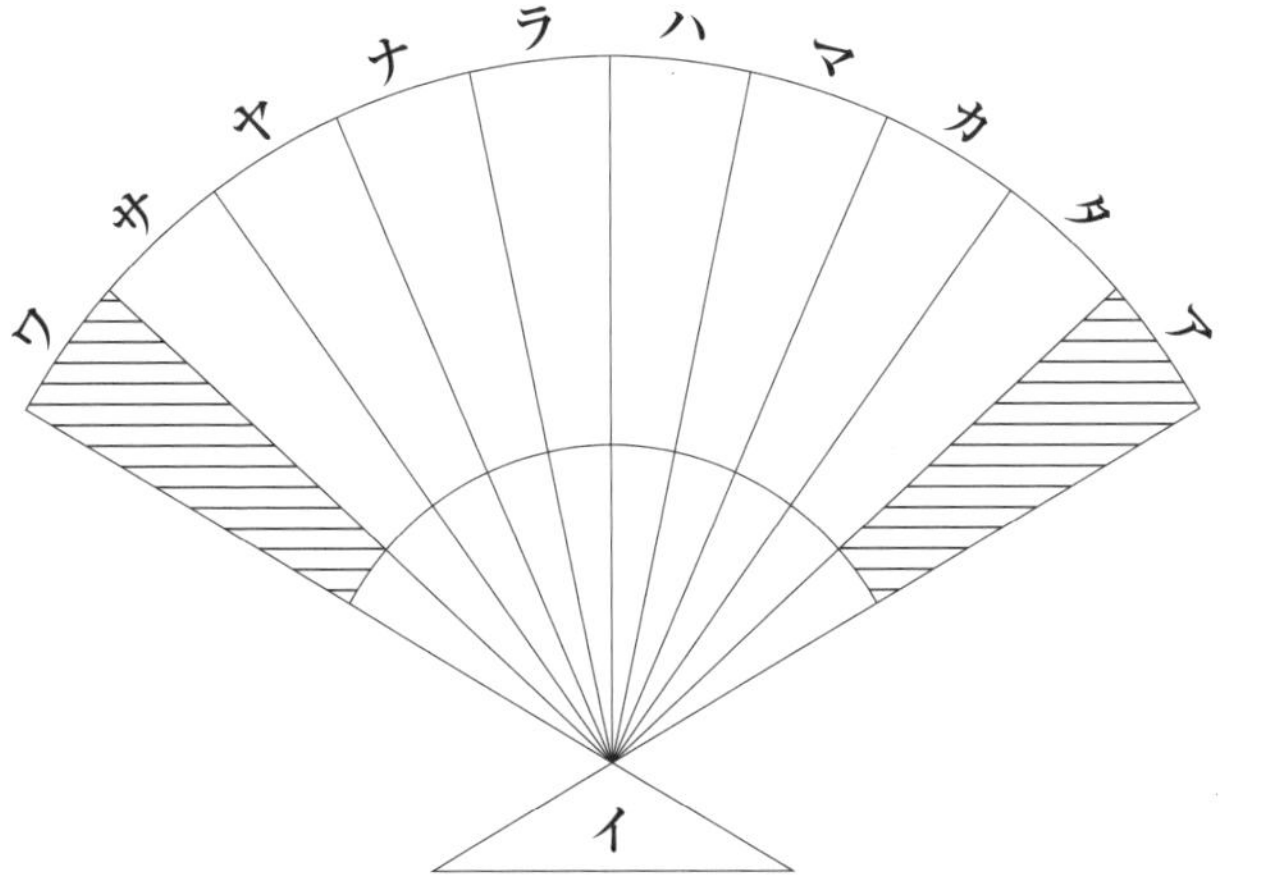

のアオウエという知性に伝達し、四智の活動が促される。この最初の生命意志の律動の発現がないときは他の四智の活動は起こらない」と説明しています。

つまり、神の意志（心）が介在して初めて言葉や音に霊性が生じ、万物が活動をはじめるのだと小笠原はいっているわけです。

『新約聖書』の「ヨハネによる福音書」の最初に書かれているように「初めに言《ことば》があった」のです。そして「言は神と共にあった。言は神であった。この言は、初めに神と共にあった。すべてのものは、これによってできた」ということになります。

そのため八百万神《やおよろずのかみ》にはそれぞれ連動する言霊があるとしています。一番根源的な言霊を持つ神様はイザナギ（伊弉諾）とイザナミ（伊弉冉）で、イザナギの言霊はイで、イザナミの言霊はヰです。

といっても、神様がすべてヰやイというわけではなく、神様の配合具合（血脈、霊脈、系図）によっていろいろな言霊が誕生していることがわかります。たとえば、オオヤビコ（大屋毘古神）の言霊はヤで、アメノフキヲ（天之吹男神）の言霊はテ、アメノサギリ（天之狭霧神）はロで、クニノサギリ（国之狭霧神）はレ、などとしています。それぞれの言葉と神の名がセットになって言霊が出来上がっているわけです。

振動によって招き寄せられる神との交流

そうした八百万神の組み合わせが、祝詞《のりと》になったりします。もっとも有名なのは「十言神《とごとのか》咒《じり》」で、邪念や邪気を払う最高の言霊として「アマテラスオホミカミ」(天照大御神)が知られています。十の言葉の言霊と天照大御神のイメージを重ねて唱えることによって、宇宙の力を呼び込んだり、自分の潜在能力を高めたりすることができるのです。

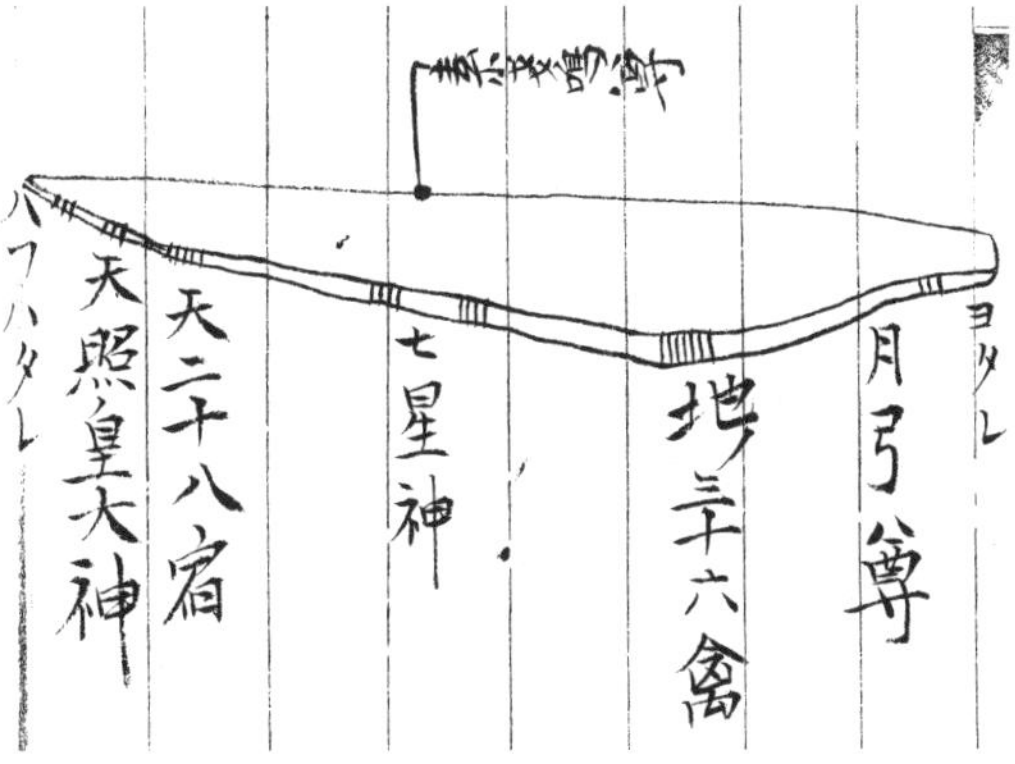

『神事畧式』に描かれた梓弓と神の位置関係

同様に三種大祓《さんじゅのおおはらい》の祝詞の中にある「トホカミヱミタメ」も八柱の神様の頭文字だという説もあり、それぞれの神様のイメージと言葉が持つ力を重ねて願望をかなえようとする呪術であると考えられています。

祝詞や呪文は、ひとつひとつの言葉や音の持つ呪力を、いい塩梅《あんばい》に組み合わせるレシピのようなものだと見ることもできます。

和音の響きのように、好きな音楽や言葉をひとつひとつ選んで、それを組み合わせ、そのときどきの自分に合った祝詞や呪文を奏でることも可能なのです。

一方、古代日本で魔除け、神霊の引き寄せ、占いなどに使われた梓弓《あずさゆみ》の響きには、異界へのゲートを開く呪力があります。弓の振動によってあちらの世界とこちらの世界が共鳴現象を起こし、ひとつになると考えられていました。

幕末から明治期にかけて馬場武憲が備忘録として書いた『神事畧式《しんじりやくしき》』には、霊媒が神懸かりに使う梓弓のどこにどの神が宿るかを記した図が描かれています。七星神、月弓尊《つくよみのみこと》、天照大御神と交流するときに、それぞれ弓幹《ゆがら》のどの部分を持つ、あるいは叩くとよいかが記されています。素戔嗚尊《すさのおのみこと》を呼び出すときは弦の部分です。

これに対して琴の響きは、大自然と共鳴し、自然の力を弱めたり強めたりできると考えられ、同時に社会の乱れや自分の心の乱れを整える装置あるいは呪具であるとされていました。琴の音によって宇宙を流れる巨大な龍的なエネルギーを引き寄せて、そのエネルギーを操るという呪術もあったとされています。

響きや振動は共鳴現象にはなくてはならない要素です。そのとき忘れてはならないのは周波数という振動の役割です。

たとえば、おおよその産声の音の高さとされる周波数440ヘルツには、人々の心を癒やす音霊が宿ります。音楽演奏の標準音とされ、イタリア・フランス式音名の「ラ」もこの周波数に近く、同様の効果があるとみられます。

心は振動し、共鳴し、感動する

周波数は「倍音《ばいおん》」と呼ばれる現象とも深く関係しています。倍音という概念は、ピタゴラスの定理で知られる古代ギリシャの哲学者ピタゴラスが完成させたピタゴラス音律からきているとされています。

彼はあるとき、鍛冶屋《かじや》で金槌《かなづち》の音を聞いていました。すると、気持ちよく響き合う金槌と、そうではない金槌があることに気づきます。そこで金槌の重さを測って比べたところ、気持ちよく響き合う金槌の重さの比は簡単な整数比になることを発見します。その整数比を基に気持ちよく響き合う音（協和音）の関係を考察し、完全5度を繰り返すことによって、音律をつくりました。これがピタゴラス音律です。

これによって、ある音の振動数（周波数）の倍音という概念が生まれました。具体的には、周波数の比率が基本の音に対して1オクターブ（完全8度）上がると周波数は2倍、2オクターブ上がると4倍（ちなみに完全5度だと2対3、完全4度は3対4）になります。すると、たとえば「ド」の音を基本の音とすると、2倍音は1オクターブ上の「ド」で、3倍音は1オクターブと完全5度上の「ソ」の音になるわけです。

面白いのは、こうした整数倍の音が、基本の音を奏《かな》でることにより一種の共鳴現象が発生し、奏でてもいないのに、その音にのって鳴り響くことです。古来、大聖堂などで演奏や合唱をすると、本来聞こえるはずのない音や声がしばしば聞こえてくる現象が起こり、「天使の声」と呼ばれていました。おそらく倍音による共鳴現象であるとみられますが、ある音や声に天使がのるという考えは、正しい洞察なのです。

当然、音の揺れ（うねり）にも霊性は宿ります。音の揺れとは、簡単にいうと演歌のこぶしで使われる唱法で、一般的にも音を際立たせるために音声や楽器音を細かく震わせる「ビブラート」と呼ばれる唱法、演奏法として使われている技法です。

つまり振動自体にも特有の霊性があるのです。パイプオルガン演奏があれだけ心を揺さぶるのも、パイプオルガンが醸し出す荘厳な響きの波が、人間の心と体が持つ周波数を調整することによって、人間の霊性を根底から刺激するからではないでしょうか。

アンコールを求めてリズムよく鳴らす手拍子も、日本の仏教の儀式・法要で木魚をポクポクと叩きながら僧が唱える声明《しようみよう》も、音を極端に長く伸ばし、大きく音を揺らす詩吟や民謡も同様です。

歌や演奏は祈りの場で、響きやうねりによって意識を変容させ、神との一体化を果たすための手段でした。音という音、言葉という言葉はみな、神とつながる手段、神と共鳴してその神髄に触れる呪術であったのです。

音や歌が神様と共鳴する手段であることは万国共通です。ただし、西洋と日本に違いがあるとすればそれは、西洋の歌い方が美しいハーモニーをという「音の美」の追求に力点を置く傾向があるのに対して、日本の歌い方は、平安時代に編纂《へんさん》された『古今和歌集』の冒頭に「天地《あめつち》や鬼神《おにがみ》の心を動かすのは歌である」という内容が記されているように、天地（大自然・宇宙）や鬼神（目に見えない存在）の心を動かす言霊を生み出すということでしょうか。

先日、御用邸のある葉山のそばの体育館のような場所でフラダンスの練習をする日本人の練習風景を撮影したビデオを見たら、面白いものが写っていました。ある音楽のときだけ、フラダンスを踊っているあいだじゅう、オーブと呼ばれる霊界因子がまるで音楽のリズムに招霊されたかのように大量に集まり乱舞しはじめたのです。それはまるで、音霊のリズムにのって狂喜乱舞する精霊たちのようで、オーブが踊り回るその様は本当にディスコのミラーボールのような状態でした。フラダンスを練習している人たちも、そのときはノリノリの状態だったわけです。

ところが驚いたのは、踊っている人たちはもちろん撮影者も、撮影中にはまったくこのオーブの乱舞に気づいていなかったことです。後になって撮影したビデオを再生して、撮影者が気づき、みんなに知らせたのです。

歌や踊りが招霊の儀式でもあるということがわかっていたら、それに気づくことはそれほど難しくなかったはずです。神は万物に宿ります。あなたの中にも、目の前にも、神は存在しているのです。あとは気づくだけ、いや思い出すだけです。今こそ、日本人が培ってきた本当の呪力を解き放ち、神秘の力と共鳴し、奇跡を体験し、幸運を呼び込んでください。

あとがき

私は、モノの心は人に、良い悪いは別にして、寄り添いながら流転すると考えています。一度モノの心に触れると、お互いに影響し合うということが長く続くわけです。ここで留意しなければならないのは、人間同士がそうであるように、モノの心を自分の味方につけることも、敵にすることもありうることなのです。

石ひとつをとっても、石が人を守った話と、逆に石が人を祟《たた》った話の両方があります。守られるのか、祟られるのか、一度つながったのなら、いい関係にしたほうがいいに決まっています。だからこそ、モノに好かれる自分になること、あるいはモノ好きな自分になることが非常に大事なのです。

私たちは長いあいだ社会的に、モノと自分の心のあいだに、お金を介在させてきました。当然、お金もモノですから、心があるわけです。紙幣の材料となった紙は植物が素《もと》になっており、硬貨は風光明媚《ふうこうめいび》で美しい場所から採れる鉱物が素になっています。

その素材には罪はありませんが、モノと心のあいだにお金を挟んでしまったことによって、さまざまな曲解や誤解を生むようになってしまったようです。お金のとらえ方のゆがみが人とモノのコミュニケーションを混乱させているような気がしてならないのです。

よく「どうやったらお金持ちになりますか」と聞かれますが、そのお金で何を買うか、どのようなモノを得るのか、どのようなサービスを得るかということのほうが、お金持ちになるという漠然とした夢よりもはるかに大事なのです。そうした具体的な夢がなければ、お金は猫に小判のようなものになってしまいます。

モノは今も昔も、人の心に寄り添って生きようとしているのです。多くのモノは、やはり人間を愛しています。地球の心である地球意識でさえ、かなりの強大な力で人間に寄り添って今もなお動き続けています。だからこそ、私たちはモノと対話をすることをおざなりにしてはいけないのです。お金を目的にするのではなくて、お金の先にあるものをつねに意識しなければなりません。豊かになるには確かに、今の社会制度ではお金が必要です。しかしそのお金で、どういうモノ、土地、あるいはどういう衣食住を得るかということが真の豊かさのすべてなのです。量ではなく、質がすべてなのです。

モノに嫌われている人は、いくらお金を持っていてもいいモノに出会えません。ギャンブルなどで消えてしまうのが落ちです。単なる成金で這《は》い上がった、ある意味心のゆがんだ人たちが、悪い人に騙《だま》されて、いい加減なモノや、まがい物や、趣味の悪いモノを大量に購入、散財しながら堕落していくのを何度となく見てきました。モノの心を大事にしない人はやはり、モノからとんでもない逆襲を受けます。不思議なことに、運のいい人は、本当にいいモノを大事にする人でもあります。だから彼らは、少ないお金で価値のあるものを本当によく、いとも簡単に手に入れます。実はその力こそが、人の品格にかかわっているのです。

モノを大事にする人ですから、その得たモノをどのように保管するかを考え、モノといつも対話し、そのモノを長く身近に置くことに真摯《しんし》に取り組みます。その姿勢が非常に重要なのです。モノとの対話は、本当に私たちに多くのことを教えてくれます。

何よりもまず、心が時間を超えてさまざまなモノとコミュニケーションができるのだということを教えてくれます。私たちの心を拡大してくれるのは、モノが語りかけてくれるからです。やろうと思えば私たちは、宇宙の果ての星とでも対話できるのです。地の底の鉱物とも対話できます。なぜなら彼らもまた心を持っており、心同士はいつでもつながり、時空を超えて共鳴することができるからです。

素敵な石に触れて、満天の星空を眺め、木漏《こも》れ日の木立の中を歩いてみてください。そして、石の心や星空の心、木立の心を感じてください。万物の心に触れてください。そのことに時間を割く以上に大切なことは、ほかにありません。

万物と共鳴すれば、すべてが心でつながっていることがわかるはずです。あなたは決してひとりではありません。森羅万象と心をかよわすことができる真の呪力の持ち主なのですから。

「呪力」はブラックマジックではありませんし、人を傷つけるためのものでもない。「呪」は「くり返し思い言葉にする」という意味であり、日々のくり返しを光輝の人生に変化させる法なのです。

あなたが光ある人生を歩むことを心の底から祈念しています。未来は、まだまだ広がり続けています。今日も明日も、あなたのための人生がはじまるのです。

山名正太郎『墓と文明』雪華社、1963
吉野裕子『易と日本の祭祀』人文書院、1993
吉野裕子『山の神』人文書院、1993
吉野裕子『易・五行と源氏の世界』人文書院、1999
【ら行】
ディーン・ラディン著、石川幹人訳『量子の宇宙でからみあう心たち』徳間書店、2007
リサ・ランドール著、塩原通緒訳『ワープする宇宙』ＮＨＫ出版、2013
【わ行】
渡邊欣雄『風水 気の景観地理学』人文書院、1994
和田守菊次郎『和田守新記憶法』国民記憶学会、1915
綿谷雪『ジンクス——運と偶然の研究』三樹書房、1980
ライアル・ワトソン、内田美恵訳『シークレット・ライフ』筑摩書房、1991
ジン・ワン著、廣瀬玲子訳『石の物語』法政大学出版局、2015

ヒルデガルド・フォン・ビンゲン著、臼田夜半訳『聖ヒルデガルドの病因と治療』ポット出版、2020
ヒルデガルド・フォン・ビンゲン著、井村宏次監訳『聖ヒルデガルドの医学と自然学』ビイング・ネット・プレス、2022
藤崎孝教『天帝尊星 霊符秘密集伝』天星館、1910(明治43年)
布施泰和『不思議な世界の歩き方』成甲書房、2005
布施泰和『異次元ワールドとの遭遇』成甲書房、2010
布施泰和『誰も知らない世界の御親国日本』ヒカルランド、2011
布施泰和『竹内文書と平安京の謎』成甲書房、2015
布施泰和『卑弥呼は二人いた』河出書房新書、2020
デボラ・ブラム著、鈴木恵訳『幽霊を捕まえようとした科学者たち』文藝春秋、2007
ジェームズ・フレイザー著、内田昭一郎ら訳『図説 金枝篇』東京書籍、1994
ジェネビーブ・ボン・ペッツィンガー著、櫻井祐子訳『最古の文字なのか?』文藝春秋、2016
ロジャー・ペンローズ著、竹内薫ら訳『ペンローズの〈量子論〉理論』筑摩書房、2020
G・デッラ・ポルタ『自然魔術』青土社、1990
【ま行】
槇佐知子『今昔物語と医術と呪術』築地書館、1984
槇佐知子『日本昔話と古代医術』東京書籍、1995
松下井知夫・大平圭拮『コトバの原典――アイウエオの神秘』東明社、2005
松浦琴生『地理風水万病根切窮理(乾)(坤)』信陽生々館、1889
松谷みよ子『現代民話考Ⅰ～Ⅴ』立風書房、1985
丸山敏秋『気 論語からニューサイエンスまで』東京美術、1990
ステファノ・マンクーゾら著、久保耕司訳『植物は〈知性〉をもっている』ＮＨＫ出版、2015
三笠宮崇仁『文明のあけぼの』集英社、2002
水上薫『聖書と易学』五月書房、2005
宮崎興二『ねじれた伊勢神宮』祥伝社、1999
宮崎興二『なぜ夢殿は八角形か』祥伝社、2001
武者金吉『地震なまず』明石書店、1995
森浩一編『古代翡翠道の謎』新人物往来社、1990
【や行】
野州佐野大聖密院盛典編『印判秘訣集・名判精正録全』鴨書店、1972
安居香山『予言と革命』探求社、1976
安井洋『日本語源の心理的解釈』刀江書院、1937
山北篤監修『魔道具事典』新紀元社、2002
山田照胤『身上判断 祟災占病秘伝』東京神宮館、1921

佐藤安五郎『天地陰陽混合活動秘伝書（甲午の部）』観理学会、1894（明治27年）
マーリン・シェルドレイク著、鍛原多恵子訳『菌類が世界を救う』河出書房新社、2023
ルパード・シェルドレイク著、幾島幸子ら訳『生命のニューサイエンス』工作舎、1996
ルパード・シェルドレイク著、田中靖夫訳『世界を変える七つの実験』工作舎、1997
スザンヌ・シマード著、三木直子訳『マザーツリー』ダイヤモンド社、2023
須田郡司『日本の聖なる石を訪ねて』祥伝社、2011

【た行】

大自然教本院講習部『大自然療法の巻』大自然教本院、1933
高島嘉右衛門『高島小易断』八幡書店、2000
高島嘉右衛門『高島周易講釈』八幡書店、2009
高島嘉右衛門・柳田幾作『易学字典』八幡書店、2018
竹内睦泰『真・古事記の宇宙』青林堂、2020
竹下節子『オカルト2.0』創元社、2024
田中聡『なぜ太鼓腹は嫌われるようになったのか？』河出書房新社、1993
マイケル・タルボット著、川瀬勝訳『投影された宇宙』春秋社、2023
淡交社編集局編『茶の湯と陰陽五行』淡交社、2010
辻陳雄『亀卜判断法』八幡書店、2009
鶴峰世霊『墨色小筌』文政堂、1818
出口治明『哲学と宗教全史』ダイヤモンド社、2019
鴇田恵吉（ときた・けいきち）編『佐藤信淵鉱山学集』冨山房、1944
マックス・トス＆グレッグ・ニールセン著、岩倉明訳『ピラミッドパワーを発見した』KKベストセラーズ、1978

【な行】

長原芳郎『陰陽道　占いによって古代からの謎のナゾを解く』雄鶏社、1969
西勝造『長命の生理』青蛙房、1957年
西勝造『西医学健康原理実践宝典』西勝造選集頒布会、1959
西勝造『西式強健術と触手療法』たにぐち書店、2011
西他石『狐・狸・霊魂』ベスト・セラー社、1959
二宮武夫（にみや・たけお）『超神霊界の神秘』日本文芸社、1982

【は行】

セオドア・ゼノフォン・バーバー著、笠原敏雄訳『もの思う鳥たち』日本教文社、2008
服部龍太郎『易と呪術』新人物往来社、1972
ポール・ハルパーン著、権田敦司訳『シンクロニシティ　科学と非科学の間に』あさ出版、2023
平木場泰義（ひらこば・たいぎ）『印相学の知識』神宮館、1984

今井七五郎写本『聖徳太子家相玄機禄』1890
井村君江『ケルトの神話』筑摩書房、2012
井村宏次『宝石&貴石 神秘力活用マニュアル』ビイング・ネット・プレス、2000
イワクラ学会編著『イワクラ 巨石の声を聞け』遊絲社、2005
ヴァラーハミヒラ著、矢野道雄ら訳注『占術大集成1』平凡社、1995
ヴァラーハミヒラ著、矢野道雄ら訳注『占術大集成2』平凡社、1995
宇治谷孟『日本書紀（上）全現代語訳』講談社、2002
内田秀男『四次元世界の謎』大陸書房、1970
内田秀男『続四次元世界の謎』大陸書房、1970
内田秀男『新四次元世界の謎』大陸書房、1972
内田秀男『神秘の四次元世界』大陸書房、1974
江口俊博・三井甲之『手のひら療治入門』アルス、1931
尾栄大寛『運命判断 墨色一の字秘伝』日光堂書店、1970
大谷宗司『超心理の世界』図書出版社、1985
大橋学象『増補印判秘決集解説』護心会、1977
小笠原孝次『言霊百神』東洋館出版社、1969
小笠原孝次『言霊精義』和器出版、2016
小笠原孝次『言霊開眼』和器出版、2016
岡田保造『魔よけ百科』丸善、2007
岡田保造『魔よけ百科・世界編』丸善、2008
【か行】
ミチオ・カク著、斉藤隆央訳『パラレルワールド』ＮＨＫ出版、2006
ミチオ・カク著、斉藤隆央訳『神の方程式』ＮＨＫ出版、2022
梶田勘助『家相千百年眼』愛知書肆（店）、1913(大正2年)
梶田勘助『人相千百年眼』大阪書肆（店）、1913(大正2年)
亀田一弘『透視術入門』虹有社、1981
亀田一弘『顔相で透視する方法』太玄社、2012
木原鬼仏『霊明法講授秘録』八幡書店、2007
ロビン・ウォール・キマラー著、三木直子訳『植物と叡智の守り人』築地書館、2018
邦光史郎『干支から見た日本史』毎日新聞社、1996
蔵持不三也『奇蹟と痙攣』言叢社、2019
ブライアン・グリーン著、林一ら訳『エレガントな宇宙』草思社、2002
アーサー・ケストラー著、日高敏隆ら訳『機械の中の幽霊』ぺりかん社、1984
厳新監修、前新&培金編『厳新気功学テキスト』ベースボールマガジン社、1990
國學院大學日本文化研究所編『神道事典』弘文堂、2005
小林登志子『シュメル——人類最古の文明』中央公論新社、2010
【さ行】
佐藤安五郎『地因萬物活動変化秘伝』観理学会、1892(明治25年)

参考文献

【秋山眞人の本】
秋山眞人『霊術の教科書 超能力開発マニュアル』朝日ソノラマ、1986
秋山眞人[解説]、田中守平『太霊道及霊子術講授録』復刻版、山雅房、1988
秋山眞人訳、ユリ・ゲラー『ユリ・ゲラーの反撃』騎虎書房、1989
秋山眞人訳、ブラッド・スタイガー『アメリカ・インディアンのスーパーチャネリング』騎虎書房、1991
秋山眞人『超能力者への道』騎虎書房、1991
秋山眞人訳、インゴ・スワン『ノストラダムス・ファクター』三交社、1995
秋山眞人『奇跡の超能力者』竹書房、1995
秋山眞人『物の気の超開運学』新星出版社、1998
秋山眞人・布施泰和『あなたの自宅をパワースポットにする方法』成甲書房、2014
秋山眞人・布施泰和（協力）『日本のオカルト150年史』河出書房新社、2020
秋山眞人・布施泰和（協力）『しきたりに込められた日本人の呪術』河出書房新社、2020
秋山眞人・布施泰和『巨石文明 超テクノロジーの謎』河出書房新社、2020
秋山眞人・布施泰和（協力）『日本の呪術大全』河出書房新社、2021
秋山眞人・今雅人（協力）『怖いほど願いがかなう音と声の呪力』河出書房新社、2021
秋山眞人・布施泰和（協力）『〈偶然〉魔力 シンクロニシティで望みは叶う』河出書房新社、2022
秋山眞人『強運招き寄せ手相占い』河出書房新社、2022
秋山眞人『山の神秘と日本人』さくら舎、2022
秋山眞人・西脇俊二『波動を挙げる生き方』徳間書店、2022
秋山眞人『幸運を引き寄せる神代文字なぞり書き帖』日本文芸社、2023
秋山眞人・布施泰和（協力）『強運が来る兆しの法則』河出書房新社、2023
秋山眞人『宇宙意志が教える最強開運術』さくら舎、2023
秋山眞人・布施泰和（協力）『前世は自分で診断できる』河出書房新社、2023
秋山眞人・羽賀ヒカル『2030年大終末を超える唯一の方法』徳間書店、2023
秋山眞人『心の超人に学ぶ！』さくら舎、2024

【あ行】
朝倉三心『物念』土曜美術社、1982
池上正治『「気」で観る人体』講談社現代新書、1993
池上正治『「気」の不思議 その源流をさかのぼる』講談社現代新書、1994
池上正治『「気」で読む中国思想』講談社現代新書、1995
伊藤古鑑『合掌の仕方と念珠のお話』、森江書店、1933
井上円了『真怪』丙午出版、1919（大正8年）
井上赳夫『魔の特異日』ごま書房、1976

秋山眞人　あきやま・まこと

1960年生まれ。国際気能法研究所所長。大正大学大学院文学研究科宗教学博士課程前期修了。13歳のころから超能力少年としてマスコミに取り上げられる。ソニーや富士通、日産、ホンダなどで、能力開発や未来予測のプロジェクトに関わる。画家としても活動し、S・スピルバーグの財団主催で画展も行なっている。ジュエリーデザインやコンサルタント、映画評論も手がける。著書は、『前世は自分で診断できる』『強運が来る 兆しの法則』『最古の文明 シュメールの最終予言』『《偶然》の魔力 シンクロニシティで望みは叶う』（小社刊）ほか、100冊を超える。
公式ホームページ　https://makiyama.jp/

布施泰和　ふせ・やすかず

1958年生まれ。英国ケント大学留学を経て、国際基督教大学を卒業（仏文学専攻）。共同通信社経済部記者として旧大蔵省や首相官邸を担当した後、96年に退社して渡米、ハーバード大学ケネディ行政大学院ほかで修士号を取得。帰国後は国際政治や経済以外にも、精神世界や古代文明の調査、取材、執筆をおこなっている。単著に『卑弥呼は二人いた』（小社刊）ほか、秋山眞人氏との共著も多数ある。

万物の霊性と共鳴する日本人の呪力

二〇二四年六月二〇日　初版印刷
二〇二四年六月三〇日　初版発行

著　者――秋山眞人
協　力――布施泰和
企画・編集――株式会社夢の設計社
〒一六二-〇〇四一　東京都新宿区早稲田鶴巻町五四三
電話（〇三）三二六七-七八五一（編集）
発行者――小野寺優
発行所――株式会社河出書房新社
〒一六二-八五四四　東京都新宿区東五軒町二-一三
電話（〇三）三四〇四-一二〇一（営業）
https://www.kawade.co.jp/
DTP――アルファヴィル
印刷・製本――中央精版印刷株式会社
Printed in Japan ISBN978-4-309-30037-5